ENTRETIENS

SUR L'HISTOIRE, DE L'UNIVERS,

OU L'ON VOIT LA SUITE des grands évenemens qui ont changé la face des Empires : La cause de leurs établissemens & de leurs chûtes: L'état de l'Eglise dans tous les tems ; Et des demonstrations de la Providence & de la verité de la Religion.

PREMIERE PARTIE.

DEPUIS LA CREATION DU MONDE jusqu'à la naissance de Jésus-Christ.

Par M. DE LELEVEL.

A PARIS,

Chez EDME COUTEROT, ruë saint Jacques, au bon Pasteur.

M. DC XC.

AVEC PRIVILEGE DU ROY.

PREFACE.

E ne penſe pas qu'on ſe
ſoit encore aviſé de re-
duire l'Hiſtoire Univer-
ſelle ſous la forme d'En-
tretiens : & en effet , ceux qui
n'ont eû deſſein que de rapporter
des faits , & d'en marquer les
tems n'ont pas dû prendre ce
party. Mais en expoſant la ſuite
des évenemens , & les rapports
que les differens Peuples ont eus
les uns aux autres, mon but prin-
cipal eſt de montrer l'uſage de
l'Hiſtoire : ce qui eſt la vraye
matiere d'un Entretien.

On voit tous les jours des gens
qui ſçavent tout ce que les Hiſto-

PREFACE.

riens racontent. La moindre cir-
conſtance d'un fait ne leur échape pas : & ils n'ont peut-eſtre jamais fait de reflexion ſur un certain enchaînement qui ſe trouve
dans toutes les affaires du monde,
& dans lequel paroît cette Providence admirable qui regle & gou-
verne l'Univers. Rien n'eſt plus
propre que le Dialogue, à décou-
vrir cet enchaînement ; & l'on eſt
comme ſurpris de voir qu'avec un
peu d'experience & de connoiſſance de l'homme, on peut d'un
évenement connu en déduire
beaucoup d'autres ſans ſe tromper.

Ceux qui aiment un grand dé-
tail, les Genealogies, & la Cri-
tique, ſçauront que ce Livre n'eſt
pas fait pour eux. On voit bien
qu'un ſi petit Volume ne peut pas
contenir tant de choſes que tant
de gens ont écrites. Mais ceux
qui deſirent tirer un fruit ſolide

de leurs lectures, qui aiment tout
ce qui perfectionne, & qui negli-
gent ce qui ne fait que charger
la memoire : en un mot, ceux qui
veulent sçavoir l'Histoire à fond,
& n'en sçavoir neanmoins qu'autant qu'il en faut à des gens qui
ne veulent point disputer, ny
prendre de party, me sçauront
gré de leur avoir donné ces Entretiens. Ils ne supposent ny n'ex-
cluent aucune connoissance. Ceux
qui n'ont jamais lû y apprendront
ce qu'ils veulent sçavoir, & ceux
qui sçavent déja beaucoup de choses, seront bien aises de voir en
petit, & sous une forme assez simple & quelquefois assez enjoüée,
ce qu'ils ont vû dans une trop
grande étenduë, & peut-estre
assez confusément : enfin, les uns
& les autres y trouveront dequoy
se contenter, s'ils aiment à com-
parer les divers états des differens

PREFACE.

Peuples, & à faire des reflexions
par rapport à la sainteté de la
Religion, & à la conduite qu'on
doit tenir pour estre bien avec
Dieu, avec soy-même, & avec
les autres hommes.

Les deux personnages que je
fais parler sont également bien
élevez, mais ils ne sont pas également sçavans. Philemon a le
cœur aussi droit qu'Aristée : les
reflexions de l'un valent bien celles de l'autre, parce que pour en
faire à propos, il ne faut que de
la justesse d'esprit sans préoccu-
pation. Mais Aristée sçait l'Histoire & son amy ne la sçait pas : il
n'ignore pas neanmoins certaines
choses qui sont fort communes ;
& l'Histoire de la Bible qui est entre les mains mêmes des enfans,
ne luy est pas tout à fait incon-
nuë. Tout ce qu'il demande d'a-
bord, c'est d'apprendre le tems

PREFACE.

& l'ordre des faits. Mais Aristée
se sert de cette disposition pour
le mener plus loin, & ne s'éloigne
point des sentimens de M^r l'Evê-
que de Meaux.

La Chronologie que ce Prelat
a suivie paroît la meilleure, & la
maniere dont il a démêlé les affaires des premieres Monarchies
est digne d'admiration. On n'a-
voit garde de quitter un si beau
chemin pour se jetter dans des te-
nebres & des contradictions. Les
reflexions que le même Auteur a
faites sur les differens états du
Peuple Juif, & ensuite de l'Eglise
Chrêtienne, ne sont pas moins
dignes de sa pieté, de son zele,
& des rares talens qui sont en
luy. Mais tout son Ouvrage paroît plûtost fait pour les Sçavans
que pour le commun des Hommes que j'ay eu principalement
en vûë : & bien que je marche

PREFACE.

toûjours ſur ſes pas, on verra d'a-
bord que ſi ſon Ouvrage a ſon
utilité particuliere , celuy-cy a
auſſi la ſienne.

Il ne faut pas s'attendre à voir
icy une ſuite d'années, qu'on trouve par tout ailleurs. J'ay crû que
communément on ſe contentoit
de ſçavoir les Epoques les plus
conſiderables , & en quel ſiecle
telle ou telle choſe eſt arrivée.
J'ay tâché ſeulement de ne pas
tranſpoſer les évenemens de chaque ſiecle où nous connoiſſons
quelque choſe. De cette maniere
il eſt aiſé de tout embraſſer, ſans
ſe mettre l'eſprit à la gêne. Si
j'ay paſſé comme en badinant ſur
certains faits , c'eſt que je ne les
ay pas crû de grande importance.
Il y a certaines choſes que de les
traiter ſerieuſement, c'eſt s'habil-
ler en pedan.

. Un des principaux fruits qu'on

PREFACE.

tirera de la lecture de ces Entretiens, c'est qu'on verra dans Philemon l'exemple d'un esprit moderé, qui profite des choses qu'il a entenduës ; qui les fait revenir à propos ; qui n'embarrasse point la conversation ; qui aime la verité, enjoüé quand il faut l'estre, & toûjours plein de respect pour la Religion. Son amy charmé de ces dispositions, veut aussi s'entretenir avec luy sur ce qui s'est passé devant & aprés la naissance de Jesus-Christ, jusques à ce jour que Loüis le Grand fait plus luy seul que toute l'Europe conjurée. Mais nous ferons trois Parties de leurs Entretiens. La premiere, qui s'étend depuis la création jusqu'à la naissance du Sauveur, n'aura pas plûtost esté reçuë favorablement, que la seconde & la troisiéme paroîtront. Et peut-estre trouvera-t-on, que

PREFACE.

j'ay du moins entrevû ce qu'il
falloit faire pour épargner à ceux
qui veulent apprendre quelque
chofe, bien du tems & bien de la
peine.

TABLE

DES ENTRETIENS

DU

PREMIER TOME.

TABLE

II. ENTRETIEN.

Sur ce qui est connu depuis la vocation d'Abraham jusqu'à la Loy écrite inclusivement. 32

III. ENTRETIEN.

Touchant les établissemens & les chûtes des premiers Empires.

55

TABLE

IV. ENTRETIEN.

Sur les choses qu'on a omises dans le precedent depuis Moïse jusqu'à la fondation de Rome. 94

V. ENTRETIEN.

Sur ce qu'on avoit omis dans le troisiéme, depuis le temps de la fondation de Rome jusqu'à Cyrus. 124

TABLE

VI. ENTRETIEN.

DES ENTRETIENS.

Tome I.   ẽ

VIII. ENTRETIEN.

Sur les affaires de la Judée & de la Syrie depuis la défaite du grand Antiochus, jusqu'au retour de Nicator en Syrie. 224

DES ENTRETIENS.

IX. ENTRETIEN.

Sur l'Etat de l'Orient & de l'Occident, depuis le retour de Nicator jusqu'à la mort de Jules Cesar. 258

TABLE

X. ENTRETIEN.

Sur l'Etat de l'Orient & de l'Oc-
cident, depuis la mort de Jules
Cesar, jusqu'à la naissance de
JESUS-CHRIST. 293

Fin de la Table.

ENTRETIENS

ENTRETIENS
SUR L'HISTOIRE
DE L'UNIVERS.

PREMIER ENTRETIEN.

Sur ce qui est connu depuis la creation
du Monde jusqu'à la vocation
d'Abraham.

*Dieu a tout creé par sa volonté, & avec une
souveraine sagesse. La cause de la chûte
d'Adam. Les obligations de tous les hommes
en consequence de leur création. Le sort des
trois Fils d'Adam, Caïn, Abel, & Seth. Le
peché d'Adam tourne à nôtre avantage par
Jesus-Christ. Les hommes vivoient fort sim-
plement avant le Déluge. La cause du Déluge.
Noé figure de Jesus-Christ : & Cham figure
des Juifs parricides comme Caïn. Dessein ri-
dicule de ceux qui voulurent élever la Tour
de Babel. Les hommes passent les mers, & se
répandent de l'Asie dans l'Egypte, & dans*

Tome I   **A**

la Grèce. A mesure qu'ils sortent de leur ignorance ils multiplient leurs crimes. La cause de la vocation d'Abraham.

PHILEMON. JE veux vous prier d'une chose que vous serez bien aise de m'accorder: c'est de me donner quelque lumiere sur l'Histoire du Monde. J'entens parler tous les jours d'une infinité de grands Personnages, de differens Peuples, & de grands évenemens. Mais je ne sçay où placer tout cela. Je ne sçay point où étoient les Etats de Cyrus, je ne sçay dans quel tems vivoit Alexandre : & le tems des Assyriens & celuy de la fondation de Rome me sont également inconnus. J'aurois même bien de la peine à vous dire, si telle ou telle chose est arrivée devant ou aprés la naissance de JESUS-CHRIST. Franchement c'est estre un peu trop ignorant , & je croy que vous m'aimez trop pour vouloir que je demeure dans cette ignorance.

ARISTE'E. Ce que vous dites là est assez capable de vous attirer des complimens, mais je ne vous en feray point pour satisfaire plus promptement à vôtre juste desir. Contez que vous goûterez bien-tôt le fruit de nos Entretiens, & que par l'ordre que nous y mettrons, vous serez surpris agreablement de voir, que les affaires de l'Univers se développeront à vos yeux.

PHILEMON. Bon Dieu que vous augmentez mon ardeur ! Par où voulez-vous commencer ?

ARISTE'E. Il faut commencer par le commencement du monde.

PHILEMON. Hé bien , y a-t-il long-tems qu'il est fait ? *Premier âge du monde.*

ARISTE'E. Il n'y a pas loin de six mille ans. *Premiere Epoque.*

PHILEMON. Mais quoy ! il n'y avoit donc rien il y a six mille ans ? *La creation du monde.*

Aristé'e. Il n'y avoit rien de creé. Mais l'Auteur de l'Univers étoit tout ce qu'il est presentement. Il avoit resolu de toute éternité de créer un Monde qui exprimât ses divines perfections ; & il éxecuta dans le tems le decret de son conseil éternel : Il l'éxecuta, dis-je, par un seul acte de sa volonté, qui donne l'éxistence à tout ce qu'il luy plaît : *Dixit, & facta sunt.* Voila, Philemon, d'où nous tirons nôtre origine , de la volonté de Dieu.

Philemon. Cette volonté est bien efficace : Mais il falloit aussi une grande sagesse pour faire un Monde qui se perpetuât comme fait le nôtre , nonobstant tous les desordres & tous les déreglemens que nous y voyons.

Aristé'e. Ah ! Philemon, Dieu de toute éternité a vû tous ces desordres : & il a vû aussi qu'ils serviroient aux desseins qu'il a sur ſes Elûs. De vous dire comment, c'eſt ce que des eſprits auſſi bornez que les nôtres ne peuvent pas comprendre : Mais je ſçay bien que Dieu dans ſon conſeil éternel, a prévû & comparé toutes choſes, & qu'il n'y a rien qui ne ſoit éxactement ajuſté à la fin qu'il s'eſt propoſée.

PHILEMON. Aſſurément, puiſque Dieu eſt un Etre infiniment ſage, il faut bien que cela ſoit ainſi.

ARISTE'E. Oüy, Philemon, Dieu a vû de toute éternité qu'un Roy plein de religion & de juſtice ſeroit chaſſé de ſon Royaume par un Prince orgueilleux & dénaturé : Il a vû la conjuration univerſelle que nous voyons aujourd'huy contre le plus genereux protecteur que l'Egliſe ait jamais eu : & cependant il n'a rien changé dans l'ordre naturel, parce qu'il a ſçû que malgré la malice & l'ingratitude des hommes , son ouvrage subsisteroit toûjours, & que tous les orages qui nous étonnent ne tourneroient qu'à la confusion de leurs auteurs , & ne serviroient qu'à embellir la Cité sainte, pour laquelle tous les Royaumes de la Terre sont faits.

PHILEMON. Que tout cela est grand, Aristée, & capable de re-lever nos esperances: Que de gran-deur, que de majesté, que de puis-sance & de sagesse j'apperçoy dans ce premier pas que Dieu fait en sortant, pour ainsi dire, de luy - même , lorsqu'il créa l'Uni-vers !

ARISTE'E. Nôtre esprit se per-droit dans la consideration des merveilles que Dieu opera dans ce moment. Parlons du premier homme.

PHILEMON. A quoy pensoit-il ce vieux Adam, de desobeïr à un Dieu si bon , si sage & si puissant ?

Ariste'e. Adam faute d'attention à son veritable bien se laissa
charmer à la beauté d'un fruit
défendu, & cessant de considerer
sa dépendance à l'égard de son
Createur , crut valoir quelque
chose par luy-même. Voila ce qui
luy fit avoir une basse & criminelle
complaisance pour Eve sa femme,
seduite par le demon.

Philemon. Cet esprit malin
vouloit avoir des compagnons de
son malheur. Mais d'où vient que
le crime de l'un étant égal à celuy de l'autre, la punition des deux
ne fut pas la même ?

Ariste'e. C'est que Dieu avoit
des desseins sur l'homme qu'il n'a-
voit pas sur l'Ange superbe , sa
clemence nous préparoit un Reparateur. C'est pourquoy bienque
l'Ange eût esté précipité comme
un éclair du plus haut des Cieux
dans les abîmes : Adam neanmoins ne fut que chassé du Paradis

terreſtre , privé du fruit qui donnoit l'immortalité , & condamné
à gagner ſa vie à la ſueur de ſon
front.

PHILEMON. Ce n'étoit pas trop
pour luy ; mais c'eſt bien aſſez pour
nous. Car il me ſemble que nous
ſommes condamnez aux mêmes
peines avant que d'avoir commis
aucun peché.

ARISTE'E. Nous les meritons
bien auſſi , puiſque nous naiſſons
d'un pere pecheur , dont toute
la corruption s'eſt répanduë ſur
nous. Vous voudriez bien ſçavoir
comment cette fatale communi-
cation ſe fait. Mais outre que nous
ne devons pas maintenant nous en
entretenir , c'eſt qu'il ſe peut faire
que Dieu qui agit toûjours ſelon
ce qu'il ſe doit à luy-même , &
avec autant de bonté que de ſageſſe , s'en ſoit reſervé la connoiſſance. Croyons ce que nous diſent
les Ecritures de la part de Dieu,

qui ne peut ni estre injuste, ni nous tromper, & ne nous embarraſſons point ſur des choſes qui ne peuvent nous rendre ni plus heureux, ni plus parfaits. Dieu aprés avoir creé le Ciel & la Terre, les étoiles, les planettes, les eaux, les plantes, les animaux, & tout ce que la terre enferme, forma le corps de l'homme; & par l'union d'une ame à ce corps, d'une ame tirée d'en-haut, & pour cela appellée *un ſouffle de vie*, à un corps formé d'un peu de terre, fit le plus parfait de ſes ouvrages, qui neanmoins ſe corrompit bien-tôt aprés avec toute ſa poſterité. Voila tout ce que nous ſommes obligez de ſçavoir ſur cette matiere.

PHILEMON. Je le veux. Mais j'ay deux choſes à vous demander. 1. D'où vient que Dieu qui fait les choſes dés le moment qu'il les veut, employa ſix jours à former l'Univers. 2. En quoy conſiſte cet-

re grande perfection qu'on attri-
buë à l'homme, qui est appellé
l'image de Dieu.

ARISTE'E. Sans doute Dieu pouvoit dans un instant former l'Univers par la division merveilleuse
qu'il a sçû faire de la matiere. Mais
il voulut travailler pendant six
jours, pour nous marquer l'usage
que nous devons faire du tems
pour les besoins de la vie : & quoy
que la creation n'ait point esté capable de troubler son repos, il est
écrit qu'il se reposa le septiéme
jour, pour nous apprendre que
nous ne devons pas tant nous
occuper des besoins du corps, que
nous ne songions que nous sommes faits pour Dieu. N'estes-vous
pas persuadé, Philemon, que vous
ne subsistez que par la puissance
de Dieu, que vôtre esprit n'est
éclairé que par la lumiere de Dieu,
& que vous ne vous portez vers le
veritable bien que par le mouve-

ment que Dieu vous donne? Vous
voila donc l'image de la Trinité
Sainte , du Pere qui vous donne
l'estre , du Fils qui vous communique sa lumiere, du Saint Esprit
qui vous anime. Chacune des Per-
sonnes divines vous imprime son
propre caractere. C'est donc avec
raison que Dieu aprés avoir pro-
noncé que *la lumiere se fasse*, dit,
*faisons l'homme à nôtre image & res-
semblance.*

PHILEMON. Ce mot , *faisons*,
marque en effet que la Trinité s'en
mêla d'une maniere particuliere,
& je conçoy bien que les choses
sont comme on me les a toûjours
enseignées.

ARISTE'E. Mais ce n'est pas tout,
Philemon , il faut considerer les
obligations d'un esprit qui n'est
éclairé & animé que de Dieu.
Vous voyez bien que Dieu n'agis-
sant que pour luy-même , & pour
nous rendre heureux & parfaits,

s'il nous éclaire, c'est afin que nous nous tournions vers luy: S'il nous meut & nous excite, c'est afin que nous ne desirions que luy.

PHILEMON. Cependant Dieu n'éxige pour son culte que le septiéme jour.

ARISTE E. Ne vous y trompez pas, Philemon. Dieu éxige tous les momens de vôtre vie ; comme il n'y en a pas un que vous ne teniez de luy, il n'y en a pas un aussi que vous ne deviez employer pour luy. Vous pouvez pendant six jours de la semaine remuer vos bras pour la vie de vôtre corps : Mais en tout tems toutes les pensées de vôtre esprit, & tous les mouvemens de vôtre cœur, ne doivent tendre qu'à Dieu. Vous pouvez par le mouvement de vôtre corps vous approcher des choses necessaires à la conservation de la vie : Mais pour vôtre cœur, Dieu se le reserve. *Diliges Dominum Deum tuum ex toto corde tuo.* C'eſt un Dieu jaloux, prenons-y garde, il punira ſeverement ceux qui donnent aux creatures ce qui n'appartient qu'à luy ſeul.

PHILEMON. J'entrevoy par les choſes que vous dites, que nous ne devons aimer & même craindre que Dieu.

ARISTE'E. Oüy, Philemon, je n'aime que Dieu dans mon Pere, je ne crains que Dieu dans mon Roy, je n'honore que Dieu dans toutes les puiſſances de la Terre. Mon corps ſe proſterne devant elles : mais mon eſprit ne s'abaiſſe que devant Dieu. Je ſuis toûjours preſt à obeïr, lorſque mes ſuperieurs me parlent ; mais c'eſt parce que Dieu me le commande. Si je ſuis dans une autre diſpoſition, c'eſt un déreglement que Dieu punira.

PHILEMON. Tout cela me paroît vray & d'une grande importance pour la vie civile. Car enfin un homme qui seroit bien affermy dans ce principe, ne manqueroit jamais à ses devoirs, sa fidelité seroit inviolable ; & en rendant à Dieu ce qui luy est dû, il rendroit éxactement aux hommes ce qui leur appartient.

ARISTE'E. Ne poussons pas cecy plus loin, crainte que nous ne perdions de veuë les choses dont nous nous sommes proposez de nous entretenir. Il suffit que de ce grand & admirable évenement de la creation, nous reconnoissions nôtre dépendance & ce que nous devons à Dieu.

PHILEMON. Voyons donc quels furent les enfans d'Adam.

ARISTE'E. Ils furent par un triste effet du peché d'un caractere fort different. Vous sçavez que Caïn poussé d'une envie cruelle, assassina son jeune frere Abel, dont il ne pouvoit souffrir l'innocence

& la sincerité, & en cela il fut la figure des Juifs, qui ont épuisé prés de quatre mille ans aprés leur rage & leur cruauté sur le corps de l'Agneau sans tache : *Agnus occisus est ab origine mundi.*

PHILEMON. Abel fut donc aussi la figure de l'Agneau. Que devint le malheureux Caïn aprés avoir avoir commis un crime si effroyable ?

ARISTE'E. Il prit la fuite comme s'il eût voulu éviter la presence du Juge qui le pressoit, & s'en alla bâtir une Ville qui est la premiere dont on ait ouï parler. Mais quelque chose qu'il fit, il éprouva par les remords continuels dont il étoit déchiré, combien l'homme est malheureux, lorsqu'il aime mieux suivre les inspirations secretes de ses passions, que d'obeïr à Dieu.

PHILEMON. Quoy ! cet homme demeuroit seul, & il bâtit une Ville.

ARISTE'E. Qui vous a dit qu'il fust seul ? Dans ces premiers tems du monde, les hommes se multiplioient extrémement; & quoyque l'Ecriture ne nous parle que de deux ou trois, on ne peut douter qu'il n'y eust alors un peuple fort nombreux sur la Terre.

PHILEMON. Mais enfin, des deux fils d'Adam en voila un mort: & l'autre apparemment fut abandonné de Dieu. Que peut devenir un peuple sous un Chef de cette sorte ? Il faut qu'il tombe dans l'idolatrie, & qu'il perde entierement la connoissance du vray Dieu. Il n'y auroit donc point eu de Religion dans un monde que Dieu a fait pour y estre adoré.

ARISTE'E. Cette remarque est judicieuse: Mais Adam eut un troisiéme fils appellé Seth, qui fut fidele à Dieu, & dont la posterité conserva le vray culte. Quel fut

dans ce tems la pieté d'un Henoc ?
Le monde n'étoit pas digne de le *Dixiéme siécle du monde.*
posseder, il en fut tiré miraculeu_
sement. Mais je croy qu'il est assez
inutile de s'arrêter icy à la posterité d'Adam. On la voit dans les
Tables Chronologiques. Cela suffit. C'est à vous à vous servir de ce
secours, & à jetter en même tems
les yeux sur la carte afin de connoître la situation des Villes &
des Provinces dont nous parlerons dans la suite de nos entretiens.

PHILEMON. Je l'entens bien
ainsi. Mais je voudrois bien sçavoir ce que pensoit Adam dans sa
disgrace.

ARISTE'E. Il pensoit apparemment à appaiser la colere de Dieu.
La difference qu'il sentoit de l'état
où il étoit alors, à celuy où il s'é_
toit vû avant son peché, luy étoit
un sujet d'humiliation continuelle.
Le bien qu'il avoit perdu par sa

desobeïssance luy paroissoit d'autant plus aimable, que les peines ausquelles il avoit esté condamné étoient plus rigoureuses. Luy que Dieu avoit placé dans le lieu le plus delicieux de la Terre, dont l'innocence avoit esté respectée des bêtes les plus cruelles, & qui communiquoit librement avec Dieu, se voit dans un instant parmy les ronces & les épines, & environné de creatures revoltées qui l'attaquent de toutes parts. O Dieu ! s'il porta patiemment ce malheureux état pendant plus de neuf cens ans qu'il demeura sur la Terre, qu'il est maintenant un grand Saint dans le Ciel !

PHILEMON. Il auroit encore mieux valu pour nous qu'il fust demeuré tel que Dieu l'avoit fait.

ARISTE'E. Vous étes bien interessé. C'est icy qu'il faut faire de necessité vertu. Soyez certain que moins vous serez heureux icy bas, plus vôtre gloire sera grande dans le monde futur ; & que cette compensation est si avantageuse pour nous, qu'à cause de cela même Dieu n'a pas voulu empêcher le peché. Nous avons un JESUS-CHRIST qui nous redonne accés à Dieu. Cela suffit pour rendre nôtre état préferable à celuy du premier homme pendant son innocence.

PHILEMON. J'avouë que la foy nous est d'un grand secours, & que dés que nous la consultons nous n'avons plus rien à dire. Mais lorsque le monde étoit encore tout nouveau, de quoy s'occupoient les hommes qui l'habitoient ?

ARISTE'E. Ils s'occupoient apparemment de peu de choses. Car les Arts, si l'on en excepte l'Agriculture, leur étoient inconnus : & Adam toûjours occupé de son

malheur, apparemment ne fon-
geoit gueres à leur cultiver l'esprit.
La plusart vivoient dans les cam-
pagnes, & se nourrissoient des
fruits de la Terre tels qu'elle les
leur produisoit.

PHILEMON. Pensez-vous qu'ils
ne fissent pas du pain, & qu'ils
n'apprétassent pas quelque chose
à manger ?

ARISTE'E. Il y a bien de l'appa-
rence qu'ils ne broyoient le bled,
ou ce dont ils auroient pû faire
du pain, qu'avec les dents ; & que
ce que nous appellons ragoût,
étoit bien loin de leur pensée.

PHILEMON. C'étoit le grand secret pour ne faire aucun excés de
bouche ; le monde a bien changé
depuis ce tems-là.

ARISTE'E. Oüy, le monde s'est
raffiné en abusant de sa raison.
L'esprit des hommes fait pour
chercher le veritable & souverain
bien, s'est tourné vers la nourriture

du corps, sans considerer que plus cette nourriture est assaisonnée & delicate, plus elle abrege par les excés que l'on fait, la vie de ce même corps dont on aime tant la durée.

PHILEMON. Vous pensez donc que cette nourriture si simple, dont se servoient les premiers hommes, ne contribuoit pas peu à les faire vivre long-tems.

ARISTE´E. Cela paroît indubitable. Il y avoit neanmoins encore d'autres causes de leur longue vie. Apparemment les saisons n'étoient pas déreglées comme elles l'ont esté depuis le Déluge. Car si l'Arc-en-Ciel n'a paru qu'aprés ce renversement general du genre humain ; on peut penser qu'il n'y avoit point eu de pluyes auparavant, du moins telles que nous en voyons. Quoy qu'il en soit, les premiers hommes vivoient long-tems, & dans une grande simplicité , mais qui n'empêcha pas qu'ils ne se corrompissent d'une étrange maniere. Les enfans de Dieu, dit l'Ecriture, furent épris de la beauté des filles des hommes. Voila la source de la corruption universelle. On cessa d'offrir des sacrifices à Dieu : & des creatures qu'il haïssoit luy furent preferées.

PHILEMON. Qu'entendez-vous, je vous prie, par les enfans de Dieu, & les filles des hommes ?

ARISTE'E. J'entens les descendans de Seth : & celles qui descendoient de Caïn. Celles-cy étoient appellées les filles des hommes, parce que Caïn & sa posterité étoient en abomination devant Dieu : & ceux-là étoient appellez les enfans de Dieu, parce qu'ils reconnoissoient sa puissance, qu'ils luy offroient des fruits de la terre & des animaux, & qu'ils suivoient ce qu'ils avoient appris d'Adam par la voye de la Tradition.

PHILEMON. Que devinrent donc les enfans de Dieu, quand ils ceſſerent de l'eſtre, & qu'ils ne voulurent plus s'occuper que des filles des hommes?

ARISTE'E. Dieu par une abondance d'eaux qui tomberent pendant pluſieurs jours, & qui ſubmergerent les plus hautes montagnes, leur apprit qu'il eſt le Dieu vivant, & que lorſque la corruption eſt montée à ſon comble, il exerce une juſtice terrible contre les profanateurs de ſon nom.

Second âge du monde. Seconde Epoque. Le Déluge l'an du monde 1656.

PHILEMON. Arrêtons-nous un peu icy à conſiderer le monde naiſſant, & l'état des premiers hommes qui vivoient avant le Déluge. Quel plaiſir de pouvoir ainſi promener ſon eſprit dans tous les rems du monde : Mais la Tradition de ce Déluge eſt-elle auſſi conftante parmy les autres Peuples , que parmy les Juifs & les Chrêtiens ?

ARISTE'E. Rien n'eft plus conftant, Philemon, & de tout rems cette Hiftoire a efté celebre dans l'Orient, où le genre humain commença à fe répandre.

PHILEMON. Noé qui eut le privilege de bâtir une Arche afin de fe fauver avec toute fa famille pendant que tout le refte des hommes devoit perir , reçût en cela une grande marque de diftinction.

ARISTE'E. C'étoit un homme jufte, la pureté de fon cœur & l'innocence de fes mains luy meriterent cette grace.

PHILEMON. Mais je m'étonne qu'un homme fi fage, & fur lequel la protection de Dieu venoit de paroître avec tant d'éclat, ait efté capable de s'enyvrer.

ARISTE'E. Il eft vray que le jus de la vigne luy fembla fi bon, qu'il

en

en bûc jufqu'à tomber par terre, &
s'endormir profondement. Mais
cela ne doit point vous furpren-
dre. Il en feroit autant arrivé à
tout autre qui n'auroit pas connu
plus que luy la force du vin. D'ailleurs, comme cet enyvrement fi-
guroit l'excés d'amour que Jesus-
Christ a eu pour fon Eglife, on
le doit autant regarder comme
un effet de la providence de Dieu,
que comme une foibleffe de fon
ferviteur. Mais ce qui a toûjours
donné de l'indignation aux gens
de bien, c'eft l'impudence de
Cham, l'un de fes enfans, qui
voyant fon pere ainfi endormy &
découvert, non feulement s'en
divertit, mais appella encore fes
deux freres Sem & Japhet, pour
s'en divertir avec luy.

Philemon. Si Noé dans cet
état fut la figure de Jesus-Christ
enyvré, pour ainfi dire, de l'a-
mour qu'il avoit pour fon Eglife,

Tome I.   B

Cham fut la figure des Juifs qui
infulterent en mille manieres au
Sauveur du monde, lorfqu'il voulut mourir pour nous reconcilier
avec fon Pere.

ARISTE'E. Vous remarquez fort
bien, que Cham fut la figure des
Juifs ; auffi fut-il puny, comme
ils l'ont efté depuis. Il fut maudit
& chaffé de la maifon de fon pere
comme un miferable, indigne de
vivre parmy les enfans de Dieu.
Ce qui fut encore une fource de
maux. Car fa pofterité étant ainfi
retranchée de la fainte tige, l'idolatrie recommença : & peu aprés
on vît les mêmes defordres qu'on
avoit vûs avant le Déluge.

PHILEMON. Ne fût-ce pas dans
la crainte d'un fecond Déluge,
que quelques-uns voulurent élever
une haute tour , fur laquelle ils
puffent eftre à couvert des eaux.

ARISTE'E. Le fentiment qu'ils
avoient de leur malice & de leur

corruption , leur étoit un grand
sujet de craindre. Mais Dieu avoit
marqué luy - même , qu'il avoit
d'autres desseins. Cependant pour
abbattre l'orgueil de ces insensez
qui pretendoient par-là se mettre
au dessus de la puissance divine,
vous sçavez ce qu'il fit. Il mit la
confusion des langues parmy les
ouvriers, qui ne s'entendant plus
les uns les autres, furent obligez
d'abandonner leur entreprise temeraire.

PHILEMON. Cela fait bien voir
que Dieu se joüe des desseins des
hommes , & qu'avec un peu de
sable il sçait arrêter les flots les
plus impetueux. Mais ne sçavez-
vous rien des peuples qui dans ce
tems descendoient de Sem & de
Japhet ? Car je voy bien que ce
fut ces trois fils de Noé, Sem ,
Cham & Japhet , qui repeuple-
rent la terre ; & il me semble
avoir oüy dire , que nous autres

Europeens nous descendons de Japher.

ARISTE'E. Cela passe pour constant. L'on dit aussi que les Egyptiens & les Pheniciens descendent de Cham , & que les Hebreux sont sortis de Sem. Mais franchement , l'Histoire de ce tems-là nous est fort peu connuë ; & nous ne sçavons bien que ce que l'Ecriture nous en apprend. Tout ce qu'on peut tirer d'ailleurs est meslé de tant de fables , que je ne sçay si l'on s'y doit arrêter.

PHILEMON. Bornons-nous donc à ce qu'on trouve dans l'Ecriture.

ARISTE'E. C'est le plus sûr. Elle nous parle d'une espece de Conquerant appellé Nemrod , qui étoit un Geant plein d'orgueil & de fierté. Il établit son siege à Babylone, ainsi appellée à cause de la tour de Babel, c'est à dire de confusion , dont nous venons de parler : & il jetta les fonde-

mens de la ville de Ninive, que
la Prédication de Jonas a fait con‑
noître à tout le monde.

PHILEMON. Et en descendant
un peu, ne trouve‑t‑on point les
établissemens de quelques Royau‑
mes?

ARISTE'E. On trouve la fon‑ *Dix‑hui‑*
dation de quatre Principautez *tiéme siè‑*
dans l'Egypte, de Thebes, de *cle.*
Thin, de Memphis, de Tanis: &
même le commencement de ces
fameuses Pyramides que l'on voit
encore aujourd'huy. On trouve *Vingt &*
ensuite l'établissement du Royau‑ *uniéme*
me d'Argos dans la Grece fondé *siecle.*
par Inachus, le plus ancien Roy
dont les Grecs ayent eu connois‑
sance. De sorte que l'on voit la
Terre se peupler de proche en
proche; & les hommes assez in‑
struits par l'experience, pour ab‑
batre ou surmonter les obstacles
qu'ils trouvoient à de nouvelles
habitations; pour inventer oú per‑

fectionner les Arts, pour se faire
des Loix, & pour ne manquer à
rien de tout ce qui étoit necessaire pour leur conservation. Mais
les desordres croissoient de telle
maniere avec la politesse, que
Dieu qui d'une part avoit promis
qu'il n'enseveliroit plus la Terre
sous les eaux ; & de l'autre, qui
ne pouvoit plus souffrir la corruption generale où le genre humain s'étoit plongé tout de nouveau par l'oubly des anciennes
Traditions, & par l'usage des
Fables appella le saint homme
Abraham pour le faire pere d'un
Peuple qu'il s'étoit reservé, &
qui devoit estre autant distingué
des autres nations de la Terre par
une protection du Ciel toute visi-
ble, que par sa Religion.

PHILEMON. Je voy bien,
Aristée, que vous vous preparez
à m'apprendre encore de belles
choses. Mais c'en est assez pour

Troisiéme âge du monde.

Troisiéme Epoque.

La vocation d'Abraham, l'an du monde 2082.

Vingt & unième siecle.

aujourd'huy. Je feray bien aife
d'arranger peu à peu les faits
dans ma memoire. Ainfi nous
continuerons demain , fi vous le
jugez à propos.

II. ENTRETIEN.

Sur ce qui est connu depuis la vocation d'Abraham, jusqu'à la Loy écrite inclusivement.

La foy d'Abraham. Isaac & Jacob en sont imitateurs. Le caractere des enfans de Jacob. Celuy de Joseph. Jacob meurt en Egypte. Sa posterité délivrée par Moïse. Pourquoy l'on dit la Mer rouge. Pourquoy l'on faisoit la Pasque. La posterité de Cecrops premier Roy d'Athenes. L'Histoire de Moïse surpasse toutes les autres. Comment les Anges ont donné la Loy. Pourquoy elle a esté donnée.

ARISTE'E. HE bien, Philemon, voulez-vous que nous parlions des descendans d'A-braham, de ce grand Homme, de la race duquel tant de nations se glorifient de tirer leur origine, & que les Chaldeens ces premiers Astronomes font un de leurs plus habiles Observateurs. Il étoit bien amy de Dieu. Mais cela n'empê-cha pas qu'il ne passât par de

terribles épreuves. Il reçût ordre
de fortir de fon Païs fans fçavoir
où il alloit. La chafteté de fa
femme fut fouvent expofée ; fes
biens, fa vie, fon honneur furent
fouvent en danger.

PHILEMON. Mais n'étoit-il pas
auffi le pere des Croyans ; je conçoy fort bien qu'une foy vive comme la fienne ne fe rebute de
rien.

ARISTE'E. Oüy, Philemon,
Dieu luy avoit promis que fes
enfans fe multiplieroient comme
les étoiles du Ciel, & comme le
fable de la Mer ; que la Terre de
Canaan feroit leur heritage, &
qu'ils feroient benis en JESUS-
CHRIST, dont il devoit eftre le
pere. Abraham fe tenoit ferme
fur ces grandes promeffes ; & à
la vûë des biens qu'il attendoit,
tous ceux qui font la grandeur des
mondains n'étoient point capables de le toucher. Dans l'abon-

B v

dance des richesses il avoit un cœur parfaitement détaché ; & il preferoit la vie Pastorale à l'état de souverain.

PHILEMON. Mais outre ces admirables dispositions , Abraham ne reçût-il pas quelque marque exterieure par laquelle il fust distingué des autres nations de la Terre ?

ARISTE'E. Il reçût la Circoncision comme le sceau de sa Foy : & Sara reçût quelque autre marque dont nous n'avons pas connoissance.

PHILEMON. Ne fut-ce pas cette Sara qui eut un fils , lorsqu'elle n'étoit plus en âge d'en avoir ?

ARISTE'E. Elle eut Isaac, dont la naissance miraculeuse fut un gage assuré de l'heureuse & nombreuse posterité d'Abraham, & qui non seulement fut heritier de la Foy, & imitateur de la pieté de son pere ;

mais qui fut encore la figure de
Jesus-Christ en plusieurs manieres , & principalement lors
qu'aprés avoir esté lié pour estre
sacrifié suivant l'ordre de Dieu, il
fut délivré de la mort. Mais je
croy qu'il n'est pas necessaire que
nous nous arrestions à toutes les
merveilles de la vie de ces grands
hommes , ny aux rapports qui se
trouvent entre les circonstances
de leur conduite, & la Religion
que nous professons.

Philemon. Je croy que tout *Vingt-*
cela se trouve dans l'Histoire de *troisiéme*
la Bible , & je sçay déja bien *siecle.*
qu'Isaac eut pour femme Rebec-
ca , dont il eut deux enfans,
Jacob & Esaü : que Jacob eut deux
femmes, Rachel & Lia : & qu'Esaü
vendit son droit d'aînesse : &
même qu'un Ange , contre lequel Jacob eut un combat , luy
donna le nom d'Israël.

Aristeé. C'est de là qu'on ap-
B vj

pelle ses descendans les Israëlites. Mais la simplicité d'Isaac & de Jacob merite bien quelque reflexion. Ils avoient en troupeaux des richesses immenses : cependant ils vivoient comme des Pasteurs, & mettoient toute leur magnificence à exercer l'hospitalité, à l'exemple de leur pere Abraham, qui s'étoit rendu si agreable à Dieu par cette humeur bien-faisante, que des Anges furent députez pour estre ses hôtes. Aussi le pere & les enfans furent également protegez de Dieu, & reçûrent les mêmes assurances de la benediction qui devoit estre répanduë sur leur posterité.

P H I L E M O N. Mais Jacob ne trompa-t-il pas Isaac lorsqu'il fit en sorte d'estre beny au préjudice d'Esaü son aîné.

A R I S T E' E. Il n'y eut point là de tromperie. Jacob étoit entré dans les droits d'Esaü. C'étoit ainsi

que les desseins de Dieu se devoient executer. Et comme ces
deux hommes furent la figure de
deux peuples differens : Esaü la
figure des Juifs, & Jacob la figure
des Chrêtiens, il ne faut pas s'é-
tonner si Jacob eut tant d'avantages au dessus d'Esaü.

PHILEMON. Voila donc Jacob
le pere du peuple de Dieu. Quels
furent ses enfans ?

ARISTE'E. Il en eut douze qui
furent les chefs des douze Tribus
du peuple Hebreu, & qui s'appelloient Ruben, Simeon, Levi,
d'où devoient sortir les Ministres
du Seigneur : Juda, d'où devoient
sortir les Rois ; & sur tout JESUS-
CHRIST le Roy des Rois : Dan,
Nephtali, Gad, Azer, Isacar,
Zabulon, Joseph & Benjamin.
Mais parce que les Levites étant
destinez pour le ministere des
Autels & des choses sacrées, ne
devoient vivre que des dixmes,

sans entrer en partage de la Terre de Chanaam , qui étoit la Terre promise : au lieu de Levi & de Joseph , on fit Chefs de deux Tribus les deux fils de Joseph , Ephraïm , & Manassez.

PHILEMON. Ce Joseph eut bien des avantures.

ARISTE'E. La vie de ce saint homme est une suite continuelle de merveilles. Ses freres ne pouvant souffrir que l'innocence de sa vie , & la sagesse de ses paroles condamnât leurs dereglemens , jaloux des grands dons , principalement de celuy de Prophetie, qu'il recevoit du Ciel , ne songerent qu'à le faire perir. Dieu le garantit de la mort : mais ils le vendirent impitoyablement.

PHILEMON. Je sçay assez bien son histoire, & je trouve que l'état d'abaissement où il se vit par la malice de ses freres , & en suite par l'impudence de la femme de

son maître, n'est rien en comparaison des honneurs qu'il reçût,
lorsque son merite eut été reconnu.

ARISTE'E. C'est icy, Philemon,
qu'on doit admirer les ressorts
merveilleux de la Providence de
Dieu qui conduit les hommes
par des voyes impenetrables, &
qui dans le tems qu'on s'imagine
qu'il les a abandonnez, fait voir
qu'il a ses plus grands desseins sur
eux.

PHILEMON. Et le bon-homme
Jacob quels sentimens avoit-il sur
la perte d'un enfant qui luy avoit
toûjours esté si cher?

ARISTE'E. C'est ce que je vous
laisse à penser. Assurément on ne
peut exprimer l'amertume dont
son cœur fut penetré, pendant
qu'il n'apprît point de nouvelles
d'un enfant qui étoit toûjours
present à son esprit. Mais quelle
fut sa joye quand il sçût que ce
fils pour lequel il étoit touché si

tendrement, avoit un pouvoir ab-
folu dans le Royaume de la baffe
Egypte ?

PHILEMON. Il n'avoit garde de
manquer à partir inceffamment
pour aller dans ce païs.

ARISTE'E. Et qui n'en auroit pas
fait autant ? Le voila donc avec fa
famille en Egypte , & dans la
meilleure contrée , qui étoit la
Terre de Geffen, dans un lieu appellé Rameffez. C'eft cette contrée dont Tanis étoit la Capitale,
& dont les Rois prenoient tous
le nom de Pharaon. Ce fut là que
Jacob aprés treize ans de larmes
& de trifteffe paffa dix-fept années dans une extréme confola-
tion.

PHILEMON. Cela fait affez
voir que les juftes font entre les
mains d'un bon Maître. Mais Jacob auroit eu de nouvelles douleurs , s'il avoit vû la perfecu-
tion effroyable que la jaloufie des

Egyptiens causa dans sa famille.

ARISTE'E. Comme cette persecution arriva seulement à cause que la maison de Jacob étoit devenuë un grand peuple capable de faire naître des soupçons à Pharaon, Jacob mourut prés de cent ans auparavant : & en mourant il donna toutes les marques d'un Prophete plein de l'Esprit de Dieu , & député pour apprendre par ses enfans à toute la Terre, que le Messie devoit naître de sa race. Mais quand Jacob auroit vû ses enfans chargez de brique, employez à tout ce qu'il y a de plus vil & de plus penible , traitez comme des esclaves , toûjours sous le foüet & sous le bâton. Quand il auroit vû, dis-je, l'ordre sanglant qui fut donné de faire perir les enfans qui naîtroient d'un peuple dont on ne pouvoit souffrir la multiplication, n'auroit-il pas eu une consolation abon-

dante en voyant un Liberateur tiré du milieu des eaux : un Moïſe
élevé par les ſoins de la fille du
Roy, & inſtruit dans toute la ſageſſe des Egyptiens , prêt à tout
abandonner & à tout entreprendre pour délivrer ſes freres de
l'état miſerable où ils étoient?

PHILEMON. Aſſurément ce
Moïſe étoit un grand homme.

ARISTE'E. Plus grand que vous
ne pouvez vous l'imaginer. Son
humilité égaloit ſon courage,
& il fit ſentir neuf playes à Pharaon, dont la moindre étoit capable de ſoûmettre entierement
à Dieu tout autre cœur que celuy
de ce malheureux Prince.

PHILEMON. Enfin ſous cet excellent Chef les Hebreux ſorti-
rent de l'Egypte, & la mer Rouge
qui s'ouvrit pour leur donner
paſſage, ſe referma pour engloutir Pharaon & les Egyptiens, qui
les pourſuivoient encore. Mais

j'ay une difficulté sur cela. C'est que je ne conçoy pas comment une mer qui apparemment a beaucoup de largeur, pût estre assez-tôt traversée par un peuple nombreux, pour qu'il pût échaper à ses ennemis.

ARISTE'E. Cela ne doit pas vous embarrasser. Car on trouve que l'endroit par où les Hebreux passerent, n'a qu'environ six mille pas de largeur, & qu'ainsi ils purent passer ce petit trajet en peu de tems.

PHILEMON. Et d'où vient qu'on appelle cette mer la mer Rouge ?

ARISTE'E. On en apporte bien des raisons. Mais je croy que c'est parce que le Roy des Iduméens, appellé *Edom*, c'est à dire rouge, avoit donné son nom non seulement à tout son païs, mais encore à la mer qui le bornoit. De sorte que dire la mer Rouge, & la mer d'Edom c'est une même chose.

Enfin les Hebreux aprés avoir fait la Pasque trouverent leur salut au travers de cette mer.

PHILEMON. Que signifie, je vous prie, ce mot de Pasque, & pourquoy la firent-ils?

ARISTE'E. Ce mot signifie passage, de *Phase* mot Hebreu, au lieu duquel on dit Pasque. Cette Pasque que les Juifs faisoient en mangeant un agneau avec beaucoup de ceremonies, marquoit l'exception que l'Ange exterminateur avoit faite des maisons des Hebreux, lorsqu'il mit à mort les premiers nez des Egyptiens; & representoit en même tems le passage de la mer Rouge. Celle des Chrêtiens leur represente quelque chose de plus grand : c'est ce que JESUS-CHRIST a fait pour eux, lorsque par sa mort & sa resurrection glorieuse il les a fait passer de l'Empire du Demon à l'heritage du Ciel. Mais

il faut un peu nous détourner de
l'Histoire du peuple de Dieu, pour
parler des établissemens que d'au_
tres peuples faisoient vers le tems
de la Loy écrite , où nous voicy
parvenus.

PHILEMON. Cette diversité ne
peut estre que fort agreable.

ARISTE'E. Vous auriez vû alors *Vingt-*
un Cecrops venir avec une grosse *cinquième siecle.*
Colonie s'établir dans la Grece,
& y fonder douze Villes, qui dés_
lors composerent une espece de
Royaume.

PHILEMON. Ce petit Royaume
dura-t-il long-tems?

ARISTE'E. Il dura jusqu'à la mort
de Codrus: c'est à dire, pendant
prés de cinq cens ans.

PHILEMON. C'est une chose as_
sez curieuse d'en sçavoir un peu
l'Histoire.

ARISTE'E. Cecrops eut pour
successeur Cranaüs, dont la fille
nommée Athis donna le nom

d'Athenes au nouveau Royaume qu'on appelloit auparavant Cecropie. Deucalion ayant succedé à Cranaüs, fut détrôné par l'un de ses fils appellé Amphiction, qui avoit épousé cette Athis dont nous venons de parler : pendant que l'autre appellé Hellen, s'établissoit un Royaume dans la Thessalie, d'où les Grecs ont esté long-tems appellez Hellenes.

PHILEMON. Parlez-vous de ce Deucalion au tems duquel il y eut un Déluge?

ARISTE'E. C'est luy-même. Ce Déluge qui arriva de son tems a esté confondu par les Poëtes avec le Déluge universel. On parle encore d'un Déluge d'Ogyges, qui préceda celuy de Deucalion. Mais ces Déluges n'étoient que des rosées en comparaison de celuy de Noé.

PHILEMON. Laissons-là les Déluges de Deucalion & d'Ogyges,

Connoiſſez-vous encore quelques Rois d'Athenes ?

ARISTE'E. Erichtée regna aprés Amphiction. Les Poëtes nous apprennent, que de ſon tems on trouva l'art de ſemer le bled, & qu'en memoire de cette belle invention, dont Triptoleme fils de Celeüs Roy d'Eleuſe étoit l'auteur, on inſtitua des Feſtes, ou plûtoſt des aſſemblées nocturnes, appellées Elûſines : *Eleuſina ſacra.*

PHILEMON. Nous courons grand riſque de nous jetter icy parmy des fables.

ARISTE'E. Nous ne ſçaurions dire que ce que nous liſons dans les Livres : Ce qui eſt certain, c'eſt qu'il y a eû des Rois d'Athenes depuis Cecrops juſqu'à Codrus. Mais qui ils ont eſté & ce qu'ils ont fait, c'eſt ce qu'on ne peut ſçavoir exactement. Rien n'eſt plus confus que les Hiſtoires de ces tems-là. On dit qu'il y eut un Roy Ægée, que la fameuse Medée fille d'Aëta Roy de Colchos, & repudiée par Jason, vint épouser; mais qu'elle quitta quelque tems aprés pour s'en retourner en Colchos avec son fils Medius.

PHILEMON. J'ay lû une Tragedie de Medée, qui m'a assez appris son Histoire.

ARISTE´E. Thesée qui se signala dans la guerre contre les Troyens, fut fils & successeur d'Ægée; il ne fit qu'une Ville des douze que Cecrops avoit fondées : & aprés luy Demophoon regna. Enfin aprés une longue suitte de Rois, le Royaume échût à Codrus, dont nous parlerons dans son tems.

PHILEMON. Voicy déja deux Royaumes que des peuples venus de l'Egypte ont nouvellement établis dans la Grece : Celuy d'Athenes, ou du païs Attique, & celuy de la Thessalie.

ARISTE´E.

ARISTE'E. Vous oubliez le premier, qui eſt celuy d'Argos, fondé
par Inachus, dont la poſterité en
fut depoſſedée vers le tems de
Cecrops, par l'uſurpateur Danaus.

PHILEMON. Voila donc trois
Royaumes. N'y en eut-il point
encore quelque autre ?

ARISTE'E. Cadmus fils d'Age-
nor, tranſporta auſſi de la Pheni-
cie dans la Grece, une Colonie
qui bâtit la ville de Thebes. Quelques-uns prennent ce Cadmus
pour Ogyges, que l'on fait Roy
des Thebains.

PHILEMON. Si c'eſt là des plus
anciennes Hiſtoires, dont on ait
connoiſſance par les Auteurs pro-
phanes, l'antiquité Payenne eſt
bien bornée. Aſſurément il n'y
a rien de comparable à l'Hiſtoire
de Moïſe.

ARISTE'E. C'etoit à un homme
comme luy, qu'il appartenoit d'é-
crire l'Hiſtoire du Peuple de Dieu:

à luy, dis-je, qui avoit esté instruit
par son pere Amram instruit dans
l'école de Levi, qui l'avoit esté
dans celle d'Isaac. Or on ne peut
douter, qu'Isaac n'eût esté instruit
par Sem, qui a vécu cinquante
ans avec luy, & que Sem ne l'eût
esté par Mathusalem son bisayeul,
qui a vécu prés de cent ans avec
luy, & qu'enfin Mathusalem ne
l'eût esté par Adam, qui demeura
avec luy sur la terre plus de deux
cens soixante ans. Et par conse-
quent il est certain que Moïse ne
nous a appris que ce qu'Adam
luy-même nous auroit dit.

PHILEMON. Enfin c'est ce Moïse
qui merita que Dieu l'appellât sur
la montagne de Sinaï pour luy
communiquer la Loy qu'il vouloit
donner à son peuple. Mais d'où
vient que l'on nous dit d'une part,
que Dieu écrivit de son doigt
cette Loy sur deux tables de pierre ; & de l'autre, que Dieu la

Qua-
triéme
Epoque.
La Loy
écrite.
L'An du
monde
2513.
Vingt-
sixiéme
siecle.

donna par le ministere des Anges?

ARISTE'E. C'est que les Anges ne font rien que ce que Dieu leur marque & leur prescrit par des inspirations particulieres. Les Anges donnerent la Loy comme causes secondes ; & Dieu la donna par les Anges comme cause premiere & souverain Legislateur. Nous voicy donc au tems de la Loy écrite, le tems de la Loy de nature est passé.

PHILEMON. Il y eut quelque chose de surprenant dans la publication de cette Loy.

ARISTE'E. Dieu voulut alors nous tracer un leger crayon de la majesté qui l'environne. Mais, Philemon, que Dieu est au dessus de tout ce qui peut paroître à nos yeux, ou frapper nos oreilles ! Une nuée épaisse, des éclairs, des tonnerres, peuvent bien épouvanter les hommes ; mais tout cela n'exprime que tres-imparfaitement la puissance & la majesté de Dieu.

PHILEMON. Mais pourquoy cette Loy , dont on s'étoit passé si long-tems ?

ARISTE'E. C'est que le peuple Juif étoit trop sujet à oublier les Traditions de ses peres : & comme il étoit extrémement grossier & charnel , il luy falloit une Loy qui luy parlât sans cesse , & qui l'attachât à Dieu , du moins par des ceremonies exterieures.

PHILEMON. Peut-estre aussi que tous ces peuples qui se répandoient dans le monde , répandoient aussi l'idolatrie ; & qu'ainsi il étoit à propos que le peuple de Dieu eût quelque chose qui l'empêchât de corrompre son culte , & sa Religion.

ARISTE'E. Ce que vous dites là, Philemon , est fort bien pensé. La Grece se remplissoit de fausses Divinitez. Lorsque les Egyptiens se transplantoient, ils n'oublioient point leurs Dieux, & le commerce de cette nation avoit tellement gâté l'esprit des Juifs, qu'ils étoient toûjours disposez à tomber dans l'idolatrie. On sçait combien ce malheureux penchant donna de peine & causa de douleur au saint homme Moïse : & vous verrez dans la suite, combien de maux & d'afflictions il attira sur ce peuple toûjours insensible aux bienfaits de son Dieu.

PHILEMON. Je ne vous demande rien davantage touchant la publication de la Loy. Je liray tout de nouveau l'Histoire de la Bible.

ARISTE'E. Voulez-vous apprendre encore quelque chose de la Grece ? Quelque tems aprés la mort de Moïse, Pelops fils de Tantale regna dans le Peloponese.

PHILEMON. Laissons-là, je vous prie, les fables de la Grece ; j'en sçay, & tout le monde en sçait suffisamment.

ARISTE'E. Je croy en effet qu'il est plus à propos de passer à ces Empires, dont les établissemens & les chûtes ont causé dans le monde de si grands changemens. Nous pourrons toûjours quand il sera necessaire, revenir sur nos pas.

PHILEMON. Ce sera donc la matiere d'un autre Entretien : Car je craindrois d'embarrasser ma memoire.

ARISTE'E. Vous faites bien, de la ménager. Vous reglerez comme il vous plaira, nos Entretiens.

III. ENTRETIEN.

Touchant les établissemens, & les chûtes des premiers Empires.

La Monarchie des Egyptiens. Justin arrange mal celles des Assyriens, des Medes & des Perses. Il y a eu deux Empires des Assyriens. Salmanasar renverse le Royaume d'Israël. Dieu protege celuy de Juda contre Sennacherib. Assar Addon soumet le Royaume de Babylone à celuy d'Assyrie. Les conquêtes de Nabuchodonosor son fils, arrêtées par la main de Judith. Chinaladan fils de Nabuchodonosor, trahy par Nabopolassar, le General de ses armées. Dieu punit l'idolatrie & la cruauté des Juifs, par la main de Nabuchodonosor, fils de Nabopolassar. Comment il leur declara la guerre. Jerusalem prise trois fois. La cause du renversement de cette Ville. Nabuchodonosor puny à son tour. Cyrus Chef de l'armée des Medes, abbat les Assyriens.

PHILEMON. IL me semble que je suis plus content de moy qu'à l'ordinaire ; & peut-estre trouverez-vous en moy quelque changement.

ARISTE'E. Comment Philemon?

N'estes-vous pas d'humeur à commencer un entretien sur l'Histoire, comme ces jours passez.

PHILEMON. Assurément Aristée; & je puis même vous faire voir que je n'ignore pas tout-à-fait comment se sont formez les Empires des Assyriens, des Medes, & des Perses.

ARISTE'E. Oh ! oh ! Philemon, vous ne m'aviez point encore dit que vous sçeussiez tant de choses.

PHILEMON. Je ne les sçavois pas hier au soir. Mais ce matin il m'est tombé entre les mains un Historien. C'est Justin, où j'ay vû comment ces peuples ont succedé les uns aux autres.

ARISTE'E. Vous avéz rencontré un Historien fort éxact. Voulez-vous bien nous raconter ce qu'il vous a appris.

PHILEMON. Il parle d'un Vexoris Roy d'Egypte, & d'un Tanaüs Roy de Scythie. Mais je me suis

plus attaché à ce qu'il dit de Ninus, qui fut le fondateur de l'Empire des Assyriens.

ARISTE´E. J'aimerois mieux que
vous eussiez appris quelque chose
des Loix, de la Police, & des
Ouvrages des Egyptiens. Car on
trouve parmy ces Peuples de beaux
modeles pour les Arts & pour le
gouvernement.

PHILEMON. Vous voudrez bien
m'apprendre ce que Justin n'en
dit pas.

ARISTE´E. Tout ce que je puis
vous en dire, c'est que selon Herodote & Diodore, ces peuples
vivoient sans ambition, dans une
union parfaite & avec beaucoup
de Religion. Chacun y étoit content de son métier, & les moin-
dres employs y étoient en honneur. Les Rois mêmes, quoyque
respectez comme des Dieux, se
soûmettoient comme les derniers
de leurs sujets aux Loix du Royau-

me & aux Coſtumes de leurs an-
cêtres. L'injuſtice & la violence
n'étoient pas connuës parmy eux :
& la verité preſidoit à tous leurs
jugemens.

PHILEMON. Je croy qu'Herodote & Diodore en diſent un peu
trop. Des hommes faits comme
nous, & privez des ſecours de la
Religion, qui ſeule fournit les re-
medes à la concupiſcence, ne ſont
pas capables d'une ſi grande moderation. Je croirois plûtoſt qu'ils
auroient excellé dans les Arts.

ARISTE'E. Ne doutez pas qu'il
ne fuſſent corrompus comme les
autres hommes. Mais les voyages
de Pythagore, de Platon, de
Lycurgue, de Solon, & de tant
d'autres grands Hommes en Egypte pour y apprendre les Loix des
Egyptiens, prouvent aſſez que
ces Loix étoient belles. Moïſe
même ne mépriſa pas la ſageſſe
Egyptienne. Pour les Arts, on ne

peut contester aux deux Mercures
la gloire de les avoir beaucoup
perfectionnez. Ces deux Princes
étoient Rois de Thebes, la plus
considerable des quatre Dyna_
sties, l'un presque aussi vieux que
le Déluge, & l'autre appellé Tris_
megiste, ou trois fois grand, aussi
ancien que Moïse. Osiris marcha
sur leurs traces; & on le fait in_
venteur du Labourage.

PHILEMON. Bon, les Grecs
en disent autant de Triptoleme.
Nous sçavons que cet Art étoit
connu avant le Déluge.

ARISTE'E. Il est vray. Mais
l'Astronomie, la Medecine; la
Geometrie, &c. n'étoient gueres
connuës avant les Egyptiens. Il
semble qu'ils ayent esté les au_
teurs de l'Architecture. Si ce qu'on
dit de Thebes cette Ville à cent
portes, & du Païs qu'on appelloit
Sayd ou Thebaïde est veritable,
la Grece n'a fait qu'imiter les

C vj

Sculptures, & les magnificences des Egyptiens.

PHILEMON. Cela me fait souvenir de leurs Obelisques, de leurs Pyramides, & de leur Labyrinthe dont on parle tant.

ARISTE'E. N'avez-vous pas oüy parler aussi des Ouvrages prodigieux qu'ils faisoient pour la distribution des eaux du Nil ? De ces Canaux, de ces Lacs, & de ces Ecluses qui avoient de si merveilleux usages ?

PHILEMON. On voit d'abord l'utilité de ces travaux. Mais où est celle des Pyramides & du Labyrinthe ?

ARISTE'E. Ne contez-vous pour rien de faire des Ouvrages immortels, ou qui tiennent contre tous les tems ? Et la partie souterraine du Labyrinthe qui faisoit la moitié de l'édifice, n'étoit-elle pas la demeure des Crocodiles les Dieux de la nation ?

PHILEMON. Ces Dieux donnent un beau trait à la sagesse des Egyptiens. Dans une si grande application aux Arts & aux grands Ouvrages, ce Peuple étoit il bien capable de défendre son Païs?

ARISTE'E. Il a fait bien plus en certains tems. Il a quelquefois étendu sa domination par tout le monde. Il y a de la fable dans les conquêtes d'Osiris. Car on le confond avec Bacchus. Mais Sesostris fils de Memnon ou d'Amenophis fut un Conquerant à tout soûmettre. Ses victoires luy acquirent des richesses immenses : & il n'y auroit rien eu que de grand dans sa vie, s'il n'avoit pas eu la vanité de faire traîner son Char par les Rois vaincus.

PHILEMON. A juger de l'Egypte par son inclination, elle ne se soûtint pas long-tems dans cet état victorieux.

ARISTE'E. Sesostris las de vainere, laissa negliger à ses sujets l'exercice des armes. Sabacon Roy d'Ethiopie, que Sesostris avoit renduë tributaire, profita des divisions qui se multiplierent sous le regne d'Anisis. Il se rendit maître de l'Egypte, & posseda ce grand Royaume pendant cinquante ans.

PHILEMON. Sabacon ne laissa-t-il point de successeurs?

ARISTE'E. Je ne sçay par quelle vaine inspiration il abandonna son nouveau Royaume, & donna lieu à une nouvelle revolution. L'Egypte peu de tems aprés fut partagée entre plusieurs Princes. Psammetique la réunit sous son obeïssance. Mais affoiblie en toutes manieres, elle tomba sous la domination des Perses. Revenons à vôtre Historien. En vous apprenant l'Histoire de Ninus, il vous a appris celle de Semiramis sa femme.

PHILEMON. Je l'ay lûë. Mais

franchement, elle me paroît peu digne d'un Auteur judicieux. Aprés la mort de Ninus, dit-il, Semiramis pour estre maîtresse de l'Empire, se fit passer pour Nynias son fils. Je ne puis entrer dans cette pensée. Car comment n'auroit-on pas distingué une femme que l'on avoit souvent vûë, d'avec un enfant tout petit ?

ARISTE'E. Vous avez raison de dire, tout petit. Car il vint au monde sur les dernieres années de Ninus.

PHILEMON. Quoyqu'il en soit. Cet Empire étoit florissant, lorsque par la mollesse d'un Sardanapale qui n'étoit propre qu'à filer parmy des femmes, il fut livré au Gouverneur des Medes appellé Arbaces, qui obligea le lâche Empereur à se brûler dans son Palais avec toutes ses richesses.

ARISTE'E. Je voy bien que vous trouverez vôtre conte. Car voicy les Medes qui succedent aux Assyriens. Arbaces fut le premier Empereur des Medes ; qui fut le dernier ?

Philemon. Ce fut Astyage, qui pour avoir trop aimé son Empire en fut dépoüillé. Car Cyrus son petit fils qui avoit esté exposé par ses ordres , ayant esté conservé par la femme d'un Berger , ne fut pas plûtost en état de prendre les armes qu'il attaqua son grand pere, & luy donna la loy. Ce fut ainsi que commença l'Empire des Perses , par lesquels je pense que Cyrus fut soûtenu dans cette expedition.

Ariste'e. Et de la mort de Cyrus ne nous en direz _ vous rien ?

Philemon. Vrayment elle fut peu digne d'un si grand homme. Thamiris Reine des Scythes, dont l'armée venoit d'estre taillée en pieces , desesperée d'apprendre que son fils avoit esté tué dans la bataille dressa des embûches au vainqueur ; & l'ayant surpris luy coupa la teste , qu'elle plongea dans le sang comme dans une li_ queur , dont il avoit esté insatiable pendant sa vie.

ARISTE'E. Vous n'estes pas icy d'accord avec Ciceron, qui avoit appris de Xenophon, que le grand Cyrus étant au lit de la mort fit venir ses enfans, pour leur faire un discours sur l'immortalité de l'ame.

PHILEMON. Marquez-moy en quoy Justin m'a trompé, je suis tout prest de l'abandonner.

ARISTE'E. Il vous a trompé, n'en doutez pas. Un Auteur fabu_ leux avoit trompé les Grecs, que Justin à coppiez.

Etesias.

PHILEMON. Me voila donc bien avancé.

ARISTE'E. Il n'y a rien de gâté , Philemon , l'arrangement que vous venez de faire des premieres Monarchies est le plus ordinaire : & il faut toûjours sçavoir les sentimens les plus communs.

PHILEMON. Apprenez-moy donc quelque chose de mieux.

ARISTE'E. Si nous en croyons Xenophon, dont l'Histoire est une des plus suivies que nous ayons, on trouve qu'Arbaces ne fit qu'affranchir les Medes, & qu'aprés leur revolte l'Empire des Assyriens subsista encore longtems : & si nous consultons l'Ecriture, nous trouvons que l'Empire des Perses marche toûjours avec celuy des Medes. Ainsi voila tout vôtre sistéme renversé.

PHILEMON. Mais ceux qui en font les auteurs pourroient-ils l'avoir imaginé sans aucun fondement ?

ARISTE'E. Pourquoy non ? Des Auteurs veulent plaire, & n'aiment pas le travail : Ils laissent là

la verité, & fuivent leur imagination. D'ailleurs la puiſſance des
Medes dans l'Aſie mineure, où il
y avoit des Colonies Grecques,
pourroit bien avoir fait penſer à
toute la Grece, qu'ils étoient les
maîtres de l'Orient, & que leur
Empire avoit eſté le ſeul depuis
Sardanapale juſqu'à Cyrus.

PHILEMON. Cela paroît fort
vray - ſemblable. Me voila bien
diſpoſé à vous entendre.

ARISTE'E. Il y a eu deux Empires des Aſſyriens. Le premier
fut fondé par Ninus fils de Bel,
environ deux mille huit cens ans
aprés la création du Monde, ſi
nous nous en tenons à la ſuppu-
tation d'Herodote. Ce Ninus,
diſent quelques - uns, vivoit en
même tems que Zoroaſtre Roy
des Bactriens, ce fameux Aſtro-
logue & Magicien, qui fut écraſé
du tonnerre.

PHILEMON. Herodote ne ſe ſe-

Vingt-huitiéme ſiecle.

roit-il point trompé dans son calcul ? Car il me semble avoir toûjours oüy dire, que Bel étoit le même que Nemrod.

ARISTE'E. Bon: c'est une vieille erreur. Nemrod a precedé Bel de plus de mille ans.

PHILEMON. Mais Nemrod ne fonda-t-il pas Ninive ? D'où vient donc que l'on dit que cette Ville a tiré son nom de Ninus ?

ARISTE'E. C'est que Ninus l'embellit & l'augmenta. Je ne sçay pas comment elle s'appelloit avant qu'il y eût étably son siege. Mais je sçay bien qu'elle étoit long-tems avant luy.

PHILEMON. J'ay encore une difficulté touchant ce Ninus : c'est que j'entens dire que l'image de son pere Bel fut la premiere Idole qu'on adora. Cependant nous sçavons que Rachel, qui à vôtre conte l'a precedé de plusieurs siecles, emporta les Idoles de son

pere Laban, & que même avant
Abraham l'idolâtrie étoit fort ordinaire.

ARISTE'E. Ne voyez-vous pas
que si l'on dit que l'image de Bel
a esté la premiere idole , c'est
qu'on prend Bel pour Nemrod,
& qu'une erreur en a produit une
autre. L'on peut dire neanmoins
que l'idole de Bel a esté la premiere qu'on ait adorée publique-
ment, & dans un Temple. Au reste
il ne faut pas penser qu'il n'y ait
que ceux qui se font des statuës
pour les adorer , qui sont des
idolâtres. Le Soleil , les Etoi-
les , & tout ce qu'on appelle
élemens , deviennent des idoles,
quand on se met en teste de les
adorer : & ceux-mêmes d'entre les
Chrêtiens qui ont trop d'attachement aux choses perissables , ne
sont pas exemts d'idolatrie.

PHILEMON. Que d'idolâtres dans
le monde ! Mais l'Ecriture fait-elle

mention de ce premier Empire des Aſſyriens ?

ARISTÉE. Elle ne fait mention que d'un Roy de Ninive qui ſe couvrit d'un ſac & de cendre à la prédication de Jonas ; & qu'on croit avoir eſté Phul, qui apparemment fut le pere de Sardanapale : Car Sardanapale, & Sardanphul, c'eſt à dire fils de Phul, ont beaucoup de rapport.

PHILEMON. Je voudrois bien que l'Ecriture nous en apprît quelque choſe de plus.

ARISTÉE. Elle ne rapporte que les affaires qui regardoient le peuple Juif, qui n'eut rien à démeſler avec ces premiers Aſſyriens. Mais le ſentiment que je vous propoſe, eſt appuyé ſur ce que nous trouvons dans les Hiſtoires des Auteurs les plus éxacts, & les plus inſtruits ; & ce n'eſt que par ce moyen qu'on peut mettre de l'ordre dans les faits , & débarraſſer l'eſprit de

ceux qui veulent concilier l'Hiſtoire prophane avec l'Hiſtoire ſainte.
La pluſpart des Grecs n'ont point
connu le ſecond Empire des Aſſyriens, & ils n'ont parlé que du
premier ſans examen, & ſur des
memoires où les noms étoient
confondus. Cela fait qu'on ne peut
trouver de ſuite dans leurs Hiſtoires.

PHILEMON. Je conçoy bien que
ſi les Grecs parlent d'un Empire
des Aſſyriens, qui ne peut s'accorder avec celuy que nous repre-
ſente l'Ecriture : C'eſt le plûtoſt
fait d'en faire paſſer d'eux. Mais
vous trouverez toûjours des
gens qui s'opiniâtreront pour les
Grecs.

ARISTE'E. Les plus habiles des
Grecs encore un coup ſeront con-
tre-eux ; & la ſuite de l'Ecriture
leur impoſera ſilence.

PHILEMON. Pour moy je me
rends à cette autorité : quand le

faint Esprit parle il faut se taire.

Ariste'e. Le bon sens veut aussi qu'on s'en rapporte à des Auteurs tels que sont ceux de l'Histoire du peuple de Dieu, qui sont les plus anciens ; les plus voisins des peuples dont ils parlent ; les plus instruits, puisque leur nation avoit sans cesse des affaires à démesler avec les Empereurs d'Orient, en un mot les plus éxacts & les plus suivis. Je dis que par toutes ces raisons la conformité de leur Histoire avec celle de Xenophon, doit faire preferer cet Historien à tout le reste des Auteurs Grecs.

Philemon. Cela ne souffre pas de difficulté : je ne vous arresteray plus.

Trente-troisiéme siecle. Ariste'e. Le premier Empire des Assyriens, aprés avoir duré environ quatre cens cinquante ans, tomba par la mollesse de Sardanapale. Les Babyloniens s'établirent

sur

sur ses ruines ; & les Medes par le moyen d'Arbace s'affranchirent : & aprés une Anarchie d'environ cinquante ans, firent Dejoces leur Monarque. C'est luy que l'Ecriture appelle Arphaxad , & qui fonda la superbe ville d'Ecbatane.

PHILEMON. Le sort de Sardanapale est une instruction pour les Princes qui songent plus à contenter leurs passions , qu'à rendre heureux les Peuples qui leur ont esté confiez. Un esprit entreprenant se revolte en luy-même ; il communique ses sentimens à d'autres, qui les approuvent : par des discours artificieux & pathetiques on attire la multitude ; les imaginations s'échauffent : & un Prince qui n'a cherché & n'a aimé que luy-même se trouve accablé dans un instant.

ARISTE'E. Ah ! Philemon, si des peuples qui se soulevent ainsi con-

tre un Prince corrompu & tyran
sont également criminels de leze-
majesté divine & humaine : Que
peut-on penser de ces malheureux, qui pendant que leur Roy
ne s'applique qu'à leur procurer
un solide bonheur, & à se rendre
grand devant Dieu & devant les
hommes, s'animent d'un faux
zele, & par un aveuglement qui
fait fremir, le chassent pour placer sur le Trône un miserable
usurpateur ?

Philemon. C'est un attentat
contre lequel tout crie vengean-
ce. Mais continuons, je vous prie,
nôtre Histoire. Voila deux puis-
sances qui s'élevent du renversement de ce grand Empire. Celle
des Babyloniens, & celle des
Medes

Aristée. Ajoûtez en une troisiéme. Celle des nouveaux Assyriens. Baladan fonda l'Empire de
Babylone : & Theglat-Phalasar,

que l'on appelle auſſi Ninus le jeune, le ſecond d'Aſſyrie.

PHILEMON. Je ſerois bien aiſe
d'apprendre quelque choſe touchant ces nouveaux Fondateurs.

ARISTE'E. Baladan, ou ſelon
les Grecs Beleſis, eſt appellé
par les Babyloniens Nabonaſſar.
Les Aſtronomes commençoient
le dénombrement de leurs années au regne de ce Prince. C'eſt
ce qu'on appelle l'Ere de Nabonaſſar. Vous allez voir dans ſa
poſterité, & dans celle de Theglat-Phalaſar, de grands éxemples
de la fragilité des grandeurs humaines.

PHILEMON. Apparemment Ba-
ladan voulut ſe ſignaler par l'Aſtro-
nomie : & Theglat-Phalaſar par
où ſe ſignala-t il ?

ARISTE'E. Ce fut par le rétabliſſement de Ninive qui avoit
eſté preſque détruite ſous Sardanapale. Cette ville malheureuſe

avoit esté menacée autrefois des jugemens de Dieu par le Prophete Jonas ; & elle en avoit senty les effets : mais quarante ans qui s'étoient écoulez, luy en avoient effacé le souvenir. Elle devint plus criminelle que jamais, & elle obligea Dieu encore une fois à luy envoyer le Prophete Nahum, qui luy annonça qu'elle periroit entierement , comme nous allons voir bien-tost.

PHILEMON. Mais ne perdrons-nous point de veuë les successeurs de Moïse ?

ARISTE'E. Ce n'est pas mon dessein. Nous parlerons icy des Rois d'Assyrie separément : & dans un autre Entretien nous reprendrons ce que nous aurons omis depuis Moïse.

PHILEMON. De cette maniere là nous ne perdrons rien , & la confusion n'est point à craindre.

ARISTE'E. Theglat-Phalaſar eut un fils & ſucceſſeur appellé Sal-manaſar. L'un entra dans la Terre-Sainte, & en ravagea la plus gran-de partie : l'autre tranſporta à Ninive les dix Tribus qui compo-ſoient le Royaume d'Iſraël, où confonduës parmy les Gentils, elles acheverent de perdre la con-noiſſance de Dieu, qui étoit déja preſque éteinte dans Iſraël ; de ſorte qu'elles n'eurent plus au-cune marque qui les fit recon-noître.

PHILEMON. Mais comment eſt-ce que tout cecy arriva ?

ARISTE'E. Achaz Roy de Juda ſe voyant attaqué d'un côté par Razin Roy de Syrie ; & de l'autre par Phacée fils de Romelias Roy d'Iſraël, (Car les Juifs étoient par-tagez en ces deux Royaumes, Juda & Iſraël, comme nous verrons une autre fois ;) ſe voyant, dis-je, ainſi preſſé, il fit venir à ſon ſecours Theglat-Phalasar, qui fut vainqueur, & qui n'épargna gueres plus Juda, qu'Israël & la Syrie.

PHILEMON. On peut apprendre de là, combien il est dangereux de faire des alliances avec ces hommes turbulens, qui foulant aux pieds la justice, & la bonne foy, ne travaillent qu'à leur grandeur.

ARISTE´E. Salmanasar instruit par un tel pere n'avoit garde de negliger la conqueste de la Terre-Sainte. Aussi malgré tous les secours qu'Ozée Roy d'Israël pût obtenir du Conquerant Sabacon, Roy d'Ethiopie, & maître de l'Egypte; les dix Tribus ne purent se tirer des mains de leur ennemy.

PHILEMON. Je croy qu'alors le Royaume de Juda fut en grand danger.

ARISTE´E. Dieu ne l'avoit pas

encore abandonné. Au contraire Sennacherib fils de Salmanasar ayant tourné ses armes de ce côté là, le saint Roy Ezechias se tourna vers son Dieu, qui luy envoya un Ange, dont l'épée foudroyante renversa dans une nuit, comme vous sçavez, cent quatre-vingt mille Assyriens.

PHILEMON. Le bras de Dieu n'est point racourcy : & un Roy dont la pieté égale celle d'Ezechias, peut tout attendre du Ciel. Mais une défaite si surprenante n'abbatit-elle pas entierement la puissance de ces peuples violens ?

ARISTE'E. Elle donna pour quelque tems la paix à ceux de Juda. Mais le Royaume d'Assyrie n'en parut pas plus affoibly : & s'il ne pût rien à cette fois contre Juda, il pût sous Assar-Addon fils de Sennacherib, engloutir le Royaume de Babylone.

PHILEMON. Voila un Assar-Addon devenu bien puissant : Eut-il des enfans aussi heureux que luy ?

*Trente-
quatriéme
siecle.*

ARISTE'E. Il eut Saosduchin, qui est Nabuchodonosor ; lequel aprés avoir passé l'Euphrate, & défait en bataille rangée Dejoces, ou Arphaxad le premier Roy des Medes, marcha contre la Judée. Mais Dieu touché des larmes de son peuple, qui faisoit penitence de ses desordres avec son Roy Manassez, fit voir à ce superbe Vainqueur, qu'une Judith, une femme foible & impuissante d'elle-même pouvoit arrester ses conquestes.

PHILEMON. Comment les Juifs n'apprenoient-ils point à estre toûjours fideles à Dieu. Ils voyoient des peines attachées à leurs infidelitez, & leur pieté toûjours recompensée avec éclat. La corruption peut-elle estre à l'épreuve de tout cela ?

ARISTE'E. Tout ce qui n'est qu'exterieur, Philemon, ne sçauroit guerir le cœur de l'homme, il faut quelque chose de plus puissant que des peines & des recompenses temporelles : C'est à JESUS-CHRIST le nouvel Adam à défaire par sa grace ce que le vieux Adam a fait en nous.

PHILEMON. Aprés tout il n'y avoit plus de puissance dans l'Orient qui pût resister à celle des Assyriens.

ARISTE'E. Dieu, Philemon, brise les Sceptres & les Couronnes comme un pot de terre quand il luy plaît. Il laisse quelque tems regner les impies, il les laisse même quelquefois monter au plus haut comble de la gloire ; mais c'est pour rendre leur chûte plus éclatante, & apprendre à l'Univers qu'il est celuy devant qui tous les Trônes doivent trembler. Chinaladan, qu'on nomme aussi Sarac, se croyoit bien affermy sur celuy de Saosduchin son pere, lorsqu'il apprit, qu'il avoit confié son armée à un traître, qui s'étoit joint à Cyaxare son plus grand ennemy.

Trente-quatriéme siecle.

PHILEMON. Qui étoit ce traître, & ce Cyaxare?

ARISTE'E. Cyaxare étoit fils de Phraorte, & petit fils de Dejoces. Le traître s'appelloit Nabopolassar. L'Empire de son Maître fut le prix de sa trahison, & on vit en même tems la Prophetie du Prophete Nahum accomplie: Ninive cette ville fameuse, & jusqu'alors la maîtresse de l'Orient, reduite en cendres.

PHILEMON. Où fut aprés cela le siege de l'Empire?

ARISTE'E. L'usurpateur le transporta à Babylone, qui sous un Prince si fier, & si brutal, devint une école de déreglemens, une abîme d'ordures, & la figure éternelle des cœurs corrompus, &

de l'Enfer qui leur est preparé.

PHILEMON. Et cependant que faisoient les Juifs ?

ARISTE'E. Ils avoient suivy l'impieté d'Achaz ; ils avoient à l'éxemple de Manassez, répandu le sang des Propheres : & ils continuoient à aller sacrifier sur les hauts lieux malgré les défenses expresses que la Loy faisoit de sacrifier ailleurs que dans le Temple. Ils faisoient passer leurs enfans par le feu en l'honneur de l'Idole de Moloch qu'ils adoroient dans la vallée de Gehennon : & souvent pour augmenter leur culte à l'égard de cette abominable Idole qui étoit faite d'airain, ils les jettoient dans son ventre tout embrasé pour y estre consumez.

PHILEMON. Cela fait horreur. Entendoient-ils sans émotion les cris de ces innocentes victimes ?

ARISTE'E. Les Prêtres de l'Idole sçavoient bien faire en sorte que ces cris n'allaſſent pas juſqu'à leurs oreilles. Ils faiſoient un plus grand bruit avec une eſpece de tambour, qu'ils appelloient *Toph*.

PHILEMON. Immancablement la colere de Dieu éclatera ſur ce peuple cruel & inſenſé.

ARISTE'E. Nabuchodonoſor, fils de Nabopoloſſar médite une guerre qui tombera ſur eux. Il ne ſçait s'il doit la declarer aux Juifs, ou aux Ammonites. Mais ayant écrit ſur deux fléches le nom de ces deux peuples, celle qu'il prend au hazard portant le nom des Juifs le détermine à les attaquer, & à marcher avec une puiſſante armée contre Jeruſalem.

PHILEMON. Vous débroüillez icy un point d'Hiſtoire qui embarraſſe bien des gens. Car on ne ſçait où placer le Nabuchodonoſor de Judith : & ſouvent on le confond avec celuy qui renverſa Jeruſalem.

ARISTÉE. Ils ne valoient pas mieux l'un que l'autre. Mais le premier étoit de la famille royale, fils d'Issaraddon ; & le second étoit fils d'un usurpateur : Mais heureux dans ses entreprises, & le plus terrible Conquerant qui fut jamais. Un ancien Auteur le fait pousser ses conquestes jusqu'aux Colomnes d'Hercule.

PHILEMON. Que d'alarmes alors dans la Judée !

ARISTÉE. C'étoit à la veuë des maux qu'il devoit faire souffrir au peuple de Dieu, que les Prophetes versoient tant de larmes ; & employoient tantôt les prieres, & tantôt les menaces, pour obliger ce peuple à s'humilier, & à fléchir par une penitence sincere la colere d'un Dieu si justement irrité. La sainteté de Josias l'avoit arrêtée pour quelque tems : Mais ses enfans furent indignes de toute grace. Jerusalem fut abandonnée à la fureur de ses ennemis.

PHILEMON. Nabuchodonosor ne prit-il pas plusieurs fois cette Ville?

ARISTE'E. Il la prit trois fois: 1. La quatriéme année du regne de Joakim, d'où commencent les 70. ans de la captivité de Babylone, marquez par le Prophete Jeremie. 2. Sous Jechonias ou Joachin fils de Joakim. C'est ce Jechonias, qu'Erilmerodach fils de Nabuchodonosor, voulut traiter en Roy & non pas en Captif. 3. Sous Sedecias qui vît en même tems la desolation du Temple de la Ville, & de toute sa maison.

PHILEMON. D'où vient que cette desolation entiere fut differée jusqu'à ce que la Ville eust esté prise pour la troisiéme fois?

ARISTE'E. Nabuchodonosor, tout barbare qu'il étoit, appa-

remment vouloit épargner Jeru-
falem, & fe feroit contenté d'en
eftre le maître. Mais voyant qu'il
s'y formoit tous les jours de nouveaux partis, & que les miferables
reftes d'un peuple vaincu avoient
ofé faire perir le fage Godolias
leur Gouverneur, Juif de nation,
& le plus homme de bien qui puft
occuper cette place : Voyant,
dis-je, que ces parricides loin de
fonger à appaifer fa colere, s'é-
toient jettez entre les bras du Roy
d'Egypte fon ennemy ; il jure la
perte & des Juifs & des Egyptiens ; il marche contre Pharaon ; il gagne la bataille ; il fac-
cage la fameufe Ville d'Heliopolis, où étoit ce Temple celebre
confacré au Soleil : & de-là il
vient reduire en cendre, & le
Temple, & la Ville de Jerufa-
lem.

PHILEMON. Ainfi voila toutes
les richeffes du Temple tranfpor-

tées en Babylone, & tant de vases precieux destinez au culte du
Dieu vivant entre les mains des
Idolatres. Etrange effet de la colere de Dieu !

ARISTE'E. Mais quel spectacle,
Philemon, de voir un Roy, un
souverain Pontife, un Daniel, un
Ezechiel, ces hommes admirables, toûjours pleins de l'esprit
de Dieu, alors sous les chaînes
& à la suite de Nabuzardan,
le Lieutenant de Nabuchodonosor,

PHILEMON. Dieu fait bien voir
par-là qu'il reserve à ses servi-
teurs d'autres biens que ceux de
cette vie, & que cependant pour
nous faire connoître la rigueur de
sa justice, souvent il les confond
pour un tems avec les hommes
criminels. Mais Nabuchodonosor ne sentit-il point à son tour,
que celuy qui se servoit de luy
pour châtier les Juifs avec tant

de rigueur, étoit aussi son maître.

ARISTE'E. Assurément il le sentit. Enyvré de ses victoires & de
sa grandeur, il voulut qu'on l'a-
dorât comme un Dieu : & il devint plus miserable que les bestes.
Il fit jetter dans une fournaise de
jeunes hommes qui ne vouloient
pas luy rendre un culte sacrilege.
Il fit jetter un Daniel dans une
fosse parmy des lions : & pendant
qu'ils en sortent glorieux sous la
protection du Dieu qu'ils adorent, le superbe persecuteur des-
cend de dessus son Trône, jette-
là les habits Royaux, & prend la
fuite dans les forests, où croyant
estre une beste, il ne se nourrit
plus que de la nourriture des bêtes, & habite comme elles dans des
cavernes.

PHILEMON. Ce coup effroyable de la main de Dieu ne fut-il
point capable d'amolir le cœur

de ce malheureux Prince, quand il fut revenu d'un état si honteux ?

ARISTE'E. Il se tourna vers Dieu, il forma même, dit-on, de bons desseins pour les Juifs : mais sa vie ne fut pas assez longue pour les executer : & tout ce qu'il pût faire, ce fut de recommander ce Peuple à Erilmerodach son fils, & l'heritier de son Royaume.

PHILEMON. Peut-estre fut-ce par cette raison qu'Erilmerodach fit tant d'honneurs à Jechonias, dont vous parliez tantost.

ARISTE'E. On le dit ainsi. Cependant Erilmerodach élevé dans l'orgueil & dans l'impieté, ne profita pas des derniers exemples de son pere : & ses débauches furent un pretexte à Neriglissor son beau-frere, de prendre les armes contre luy.

PHILEMON. Et quel fut le

succés de cette nouvelle guerre ?

Ariste'e. Tout fut favorable
à Neriglissor. Il se rendit maître
de l'Empire. Cependant il ne le
garda pas long-tems. Les Medes
qu'il attaqua sous Astyage & sous
Cyaxare II. appellé Darius le
Mede fils d'Astyage, trouverent
dans Cyrus un défenseur qui abbatit la puissance de leur ennemy.

Philemon. Voila donc l'Empire des Babyloniens ou Assyriens
renversé.

Ariste'e. Baltazar, petit fils
de Nabuchodonosor monta encore sur le Trône. Mais ce ne
fut que pour en estre precipité
avec éclat.

Philemon. Je sçay que c'est
luy qui dans une débauche eut
l'audace de se servir des vases qui
avoient servy au Temple de Jeru-

salem ; & qui pour cette prophanation vît une main qui écrivoit son jugement.

ARISTE'E. Cyrus vengea l'honneur du Temple, & du Dieu qu'on y avoit adoré.

PHILEMON. D'où vénoit ce Cyrus qui fit alors tant de bruit dans le monde ?

ARISTE'E. Il étoit fils de Cambise Roy des Perses, & de Mandane fille d'Astyage, & sœur de Cyaxare II. Pensez presentement quelle fut la puissance d'un Prince, qui par sa naissance étoit heritier du Royaume des Perses, qui vainquit les Babyloniens ; & qui en recompense des services qu'il rendit à Cyaxare son oncle, eut en mariage l'heritiere de l'Empire.

PHILEMON. Je croy qu'il faut reserver pour un autre entretien ce grand Heros.

ARISTÉE. Volontiers. Mais auparavant il faudra parler des affaires & des peuples que nous avons laiſſez en chemin.

PHILEMON. A demain.

IV. ENTRETIEN.

Sur les choses qu'on a omises dans le precedent depuis Moïse, jusqu'à la fondation de Rome.

On compare l'état des Juifs sous la Loy de nature & sous la Loy écrite. Les Heros du tems de la prise de Troye. L'origine des fables. Pourquoy les hommes ont fait des Dieux. Les Juifs sont gouvernez par des Rois. David est bien different de Saül. Aprés Codrus les Atheniens voulurent estre gouvernez par des Magistrats. Le regne & la chûte de Salomon. Son Royaume divisé aprés sa mort. Jeroboam ne veut pas laisser retourner le Peuple à Jerusalem pour adorer. Il se forme un nouveau Royaume avec les Loix & la Police. L'Histoire de Didon. La Grece celebre par les Poëtes & par les Loix de Lycurgue. Le commencement des Olympiades. Les Rois d'Italie avant Romulus.

ARISTE'E. NE vous êtes-vous point arrêté, Philemon, à considerer l'état des hommes avant le Déluge, & dans la Loy de nature. Repassez dans vôtre esprit ce que nous avons dit de l'état du monde avant Abraham. Trois hommes repeuplent le monde; parmy tous les peuples qui en sortent, il ne se trouve qu'un seul homme qui merite d'être fait le pere des Fideles, comme il ne s'en trouva qu'un seul autrefois qui meritât d'estre preservé des eaux du Déluge.

PHILEMON. On trouve par tout une corruption effroyable de la part des hommes; & une Providence ravissante de la part de Dieu. Cette foy d'Abraham, ces douze fils de Jacob chefs de douze Tribus; les avantures de Joseph, dans lesquelles ses freres qui l'avoient voulu faire perir, trouvent leur salut; la multiplication prodigieuse de leurs enfans dans l'Egypte, leurs peines & leur délivrance, renferment quelque chose qui étonne & qui charme l'esprit.

ARISTE'E. Voila ce même Peu-

ple uny à Dieu par une Loy écrite , & par des ceremonies. Tout
luy parle du tems futur. Jusqu'a-
lors il n'avoit reçû que des promesses : mais sous la Loy il voit
des figures & des ombres de toutes parts. Un Tabernacle , des
Autels , des Prestres avec leurs habits mysterieux & leurs fonctions
extraordinaires, annoncent l'établissement d'une Eglise par la naif-
sance d'un Prestre tout divin , d'un
Prestre éternel, d'un Prestre qui
devoit estre le sacrificateur & la
victime pour les pechez du monde.

PHILEMON. Je ne me souviens
pas bien où habitoient les Israëlites aprés avoir passé la Mer rouge, & reçû la Loy que Dieu leur
donna.

ARISTE'E. Ils n'avoient point
de demeure fixe. Ils devoient estre
voyageurs jusqu'à ce qu'ils fussent
entrez dans la terre de Canaan.
Leurs

Leurs peres Abraham, Isaac &
Jacob, y avoient habité autrefois
fous des tentes ; & eux ils habitoient dans le defert de l'Arabie
fous des feüillages, tantoft dans
un lieu, & tantoft dans un autre.
Là Philemon, que de miracles en
faveur d'un peuple ingrat, & que
les châtimens ne pouvoient corriger ; il eft éclairé par une co-
lomne de feu pendant la nuit, ra-
fraîchy par une nuée épaiffe pendant le jour, nourry d'une manne
excellente que Dieu luy-même luy
prepare, vainqueur de fes ennemis
par les prieres efficaces de fon fage
conducteur.

PHILEMON. Ce conducteur étoit
d'un grand fecours pour ces voyageurs.

ARISTE'E. Cependant ils le per-
dront, avant que d'entrer dans la
Terre promife : mais ils auront en
fa place un Jofué, à qui les eaux
du Jourdain feront paffage, com-*Vingt-
feptiéme
fiécle.*

Tome I.   E

me celles de la Mer rouge l'avoient fait autrefois à Moïse : il leur partagera cette Terre, il s'en reservera la moindre portion : & par tout la main de Dieu sera avec luy, jusques-là qu'il pourra suspendre les Loix de la nature, en arrêtant le Soleil dans sa course.

PHILEMON. Je ne sçay lequel admirer davantage, ou l'humilité de Moïse, qui avoüe qu'un peché l'avoit rendu indigne d'entrer dans la terre de Canaan, ou le desinteressement de Josué, qui aime mieux l'abondance pour son peuple, que pour luy-même. Que cet esprit est different de celuy du siecle où l'orgueil & l'amour des plaisirs triomphe de tous les cœurs! Ceux qui succederent à ces grands Hommes, firent encore de grandes choses.

ARISTE'E. Othoniel & en suite Aod, repousserent vigoureusement les Rois qui voulurent les troubler dans la possession de la terre de Canaan. Mais il n'est pas necessaire de faire l'Histoire des Juges du peuple Juif.

PHILEMON. Non Aristée, il suffit que je sçache l'ordre des faits. Vous pourrez même passer bien des choses qui regardent les Rois de ce peuple ; parce que si je ne les sçay pas, il me sera aisé de les apprendre dans des Livres, où elles sont fort bien écrites.

ARISTE'E. Ce fut pendant que le peuple Juif avoit des Juges, que la fameuse ville de Troye prise autrefois par les Grecs sous Laomedon, fut prise une seconde fois & saccagée par les mêmes Grecs sous Priam, aprés dix ans de siege.

PHILEMON. Je suis trompé, si ces tems-cy ne sont bien fabuleux.

ARISTE'E. Ils sont aussi-bien heroïques ; car on n'y voit que des

E ij

Quarié-me âge du monde.

Cinquié-me Epo-que.

La prise de Troye.

L'an du monde 1810.

Vingt-neuviéme siecle.

Heros, & des combats. Un Hercule se signale par ses prodigieux
travaux, un Thesée luy dispute la
gloire , un Achille & un Hector
paroissent également invincibles.
Rien n'est capable d'étonner Agamemnon. Ænée fils de Venus &
le pere des Romains, est au dessus
de tout ce qu'on en peut dire : &
pendant que sur terre on voit ces
prodiges de valeur, la mer se trouve obligée de ceder à un Jason,
à un Castor , à un Pollux, & à
d'autres qui fabriquerent le premier vaisseau , si l'on en croit les
Poëtes, pour aller à la conqueste
de la Toison d'or. Voila, Philemon,
ceux qu'on appelle des Heros &
des demy-Dieux.

PHILEMON. Assurément les grandes choses qu'il plaît aux Poëtes
de dire de ces demy-Dieux, sont
des puerilitez : Cependant il se
peut faire qu'elles ayent leur fondement dans quelques Histoires

de l'Ecriture , dont les Payens avoient quelque connoiſſance confuſe. Il eſt aſſez croyable , par exemple , que l'Hiſtoire de Samſon mal entenduë , leur a fait imaginer tout ce qu'ils diſent de leur Hercule.

Aristе́е. On n'en peut preſque pas douter. L'Hiſtoire d'Agamemnon preſt à ſacrifier ſa fille Iphigenie , a trop de rapport à l'action de Jephté : celle d'Orphée dont la femme fut ramenée dans les Enfers , à la triſte avanture de la femme de Loth. L'entrepriſe de ces Geans temeraires qui voulurent inſulter à Jupiter dans les Cieux , au deſſein chimerique de ceux qui commencerent la Tour de Babel. Tout cela , dis-je , ſe rapporte trop l'un à l'autre pour que l'Hiſtoire ne ſoit pas la ſource de la fable.

Philemon. Mais par quel aveuglement les peuples ont-ils pû

s'imaginer que des hommes mor-
tels étoient ou Dieux, ou demy-
Dieux ?

ARISTE'E. L'origine de ces faux
Dieux n'a peut-estre rien de si
étrange que vous pensez. Des
peuples pour engager leurs Princes à leur faire du bien , les appellent des Dieux. Ces Princes sont
des voluptueux ; mais il suffit qu'ils
soient bienfaisans pour que la divinité leur soit deferée , on les en-
courage par ces manieres flateu-
ses à faire de mieux en mieux.

PHILEMON. Tout paroît jusques-
là d'une assez fine politique : mais
ne devient-elle pas funeste dans
la suite ?

ARISTE'E. Cela est immanqua-
ble. Les peuples qui viennent en
suite ne voyant pas les choses de si
prés , ils croyent que ces hommes
qu'on a appellez des Dieux, sont
effectivement des Divinitez : & si
l'un a regné dans l'Orient , ils le

font Dieu du Ciel ; s'il a regné dans l'Occident, ils le font Dieu des Enfers : & s'il a fait quelque chose d'utile par rapport à la mer, ils le font Dieu des ondes. Mais revenons un peu aux Juifs, lesquels ennuyez d'estre gouvernez par des Juges, demanderent à Dieu un Roy. Dieu leur marqua qu'ils devoient penser plus d'une fois à ce qu'ils demandoient ; mais enfin ils voulurent un Roy, & ils eurent Saül, qui cherchoit les ânesses de son pere, lorsqu'il trouva la Royauté.

Trentie-me siecle.

PHILEMON. Mais comment ce Saül, qu'on represente ordinairement comme la figure des reprouvez, pouvoit-il avoir les qualitez necessaires pour regner ?

ARISTE'E. Il falloit qu'il y eust en luy quelque chose qui pûst servir aux desseins de Dieu. Il fut du moins propre à faire paroître les dispositions admirables de ce Berger qui fut appellé de derriere les troupeaux, parce qu'il étoit selon le cœur de Dieu. Vous voyez bien que je parle de David, qui fut moins grand par la dignité Royale à laquelle il fut élevé, que par la figure qu'il porta dans ses actions de Jesus. CHRIST vainqueur du fort armé, humilié pour nos pechez, travaillant avec ardeur pour son Eglise.

PHILEMON. On voit dans les Cantiques tout divins qu'il nous a laissez, jusqu'où alloit son zele pour la maison de son Dieu, son Esprit prophetique, la reconnois-sance de son cœur, l'idée qu'il avoit de la puissance du Dieu des Armées, & en même tems de ses misericordes éternelles.

ARISTE'E. Ne voit-on pas par ces élections miraculeuses, l'ex-tréme difference que Dieu met-toit entre les Juifs & les autres peu-ples de la Terre?

PHILEMON. Rien n'eft plus fenfible affurément. En quel état alors étoit la Grece ?

ARISTE´E. Du tems de Saül, Codrus Roy d'Athenes ayant fcû que l'Oracle avoit répondu aux Doriens, contre lefquels il étoit en guerre, qu'ils gagneroient la bataille fi le Roy ennemy n'y perdoit pas la vie, fe déroba de fon Armée, afin que perfonne ne s'oppofaft au deffein qu'il avoit de quitter les marques de la Royauté, pour s'en aller chercher la mort dans le Camp de fes ennemis ; & acquit aux fiens par fon fang, une victoire qu'il crût ne pouvoir emporter par la force de fon bras.

PHILEMON. Voyez comme le demon fe joüoit de ces miferables Payens, pendant que Dieu conduifoit les Juifs en toutes chofes par une providence particuliere. Ce Roy fi dévoüé au falut de fa

Trenviéme fiecle.

E v.

Patrie eut-il bien des succeſſeurs qui imitaſſent ſon zele ?

ARISTE'E. On ne trouve pas tous les jours des gens de ce ca‑ractere. Ses deux fils Medon & Nilée, également amateurs de la vie & de la Couronne, & peu touchez de l'éxemple de leur pere, n'eurent pas plûtoſt appris ſa mort, qu'ils commencerent à ſe faire la guerre pour la ſucceſſion du Royaume.

PHILEMON. Franchement voila des procedez bien differens.

ARISTE'E. Auſſi ſçavez-vous ce que firent les Atheniens ? ils remi‑rent la Royauté à leur Jupiter, & les concurrens en furent exclus.

PHILEMON. Les goûts ſont bien differens ; les Juifs veulent avoir un Roy, & les Atheniens n'en veulent plus. Comment firent-ils donc ? car apparemment Jupiter ne vint pas les gouverner.

ARISTE'E. Ils creérent des Ma‑

giftrats appellez Archontes, dont Medon fut le premier, & fous lef-quels les Atheniens remplirent de leurs Colonies l'Afie mineure. On vit alors grand nombre de villes Grecques s'établir dans tout ce grand païs, & un peuple petit dans fon origine, devenir fort puiffant. Mais le regne de Salomon eft tout ce qu'on peut alors confiderer de plus grand dans le monde.

PHILEMON. Je le croy. Mais pourquoy un Temple fi magnifi-que? pourquoy de fi grandes dé-penfes pour la maifon de ce Prin-ce?

ARISTE'E. Son regne, Philemon, devoit eftre une figure de l'état de JESUS-CHRIST dans fa gloi-re. Le Temple devoit eftre une figure de l'Eglife triomphante. Il falloit donc que ce Prince fût écla-tant de toutes parts, & que fon Temple eût tous les ornemens que la nature & l'induftrie des

Cinquié-me âge du monde. Sixiéme Epoque. Le Temple de Salomon achevé. L'an du monde 3000.

E vj

hommes peuvent fournir.

PHILEMON. Que la chûte de ce Prince est surprenante : sa sagesse donnoit de l'admiration à toute la Terre. Une Reine étrangere attirée à Jerusalem par sa reputation, avouë que ce qu'on disoit de luy étoit beaucoup au dessous de ce qu'on y voyoit. Son Royaume étoit dans une paix parfaite. Il fut jugé digne, à cause de l'innocence de ses mains, d'élever l'édifice dont David son pere n'avoit que préparé les materiaux. Il étoit le Roy le plus heureux & le plus chery qui fut jamais : & tout d'un coup oubliant le Dieu du Temple qu'il venoit de bâtir, ce Dieu qui operoit tant de merveilles dans son regne & dans sa personne, il tourne son cœur & toutes ses pensées vers des femmes & des idoles.

ARISTE'E. Le scandale en fut

trop grand pour que la punition n'en fût pas éclatante. Cependant elle ne tomba pas sur luy. Heureux, s'il eût esté frappé de maniere qu'il fût sorty de l'etrange assoupissement où il étoit.

PHILEMON. Peut-estre que Dieu dans cette occasion voulut exercer sa justice & sa misericorde en même tems : sa justice, en le laissant mourir dans son peché : & sa misericorde, en l'épargnant au dehors à cause de David, que sa penitence avoit rendu un objet si digne de la compassion divine.

ARISTE'E. Cette refléxion est digne de vous, Philemon; car s'il a fait un Livre où il semble détester les vanitez du monde, & le commerce des femmes ; on ne voit pas qu'il ait fait abbattre les Temples qu'il avoit élevez à des Idoles, ny qu'il ait fait aucune action qui soit la marque d'un cœur contrit & humilié. Quoy qu'il en soit de la justice de Dieu à son égard, Roboam son fils & son successeur la ressentit, lorsque preferant les discours de quelques jeunes étourdis qui l'excitoient à surcharger le peuple, aux sages conseils des hommes d'experience, il n'y eut rien moins que dix Tribus qui l'abandonnerent sous la conduite de Jeroboam.

PHILEMON. ·Ainsi d'un Royaume il s'en fist deux.

ARISTE'E. Oüy, Philemon. Les Tribus revoltées reconnurent Jeroboam pour leur Roy : & ce nouveau Royaume, qui fut appellé d'Israël, fut toûjours opposé à celuy de Juda.

PHILEMON. Qu'est-ce que c'étoit que ce Jeroboam : je sçay bien que c'étoit un homme d'entreprise ; mais étoit-il propre à regner ?

ARISTÉE. C'étoit un de ces politiques qui sacrifient à leur ambition ce qu'il y a de plus saint & de plus divin. Il sçavoit que les peuples ont une inclination naturelle pour leur Prince legitime, & qu'ils ne le sçauroient voir sans ressentir ce qu'ils luy doivent. Ainsi il commença par défendre à ses dix Tribus d'aller sacrifier dans le Temple de Jerusalem : & afin que cette défense leur fust plus supportable, il leur montra des veaux d'or, ausquels il fit bâtir des Temples, l'un en Dan, l'autre en Bethel. Il établit des ceremonies pour le culte de ces Idoles: & les fit passer pour le Dieu qui avoit délivré Israël de la servitude de Pharaon.

PHILEMON. Je suis trompé si cette addresse étoit capable de retenir un peuple nourry parmy les miracles, & qui avoit tant de raiſons d'avoir une autre idée du Dieu de ſes peres.

ARISTE'E. Auſſi l'impie Jeroboam fut-il obligé d'ordonner des ſentinelles ſur les montagnes de Miſpa & de Thabor, pour obſerver ceux qui ſe déroberoient pour aller à Jeruſalem : & fit éxecuter par la force ce que l'addreſſe ne pouvoit faire.

PHILEMON. C'étoit le moyen d'éteindre la vraye Religion parmy les dix Tribus.

ARISTE'E. Ne ſçavez-vous pas que Dieu ſe reſerve toûjours des ſerviteurs qui ne fléchiſſent point le genou devant l'idole. Tobie fut un de ceux-là : il fut toûjours fidele à Dieu parmy les mauvais éxemples, & dans la plus cruelle perſecution.

PHILEMON. Ne trouvez-vous pas que le malheur de Roboam eſt un grand éxemple pour les Princes qui s'appuyent trop ſur leur puiſſance, & qui ne font pas reflexion que Dieu eſt plus leur maître qu'ils ne le ſont de leurs ſujets ?

ARISTE'E. Roboam n'eſt pas à la fin de ſes maux. Un Seſac que quelques-uns prennent pour le fameux Conquerant des Egyptiens Seſoſtris , acheva de le deſoler. Mais la pieté d'Abiam ſon fils rétablit un peu les affaires de Juda.

PHILEMON. Ceux d'Iſraël cependant ne ſongeoient-ils point à bâtir quelques Villes ?

ARISTE'E. Une victoire ſigna-lée qu'Abiam remporta ſur eux n'empêcha pas qu'Amry ne bâtît Samarie, qui a donné le nom aux Samaritains dont nous parlerons dans la ſuite. Ce ſont ceux parmy leſquels les cinq Livres de Moïſe, qu'on appelle Pentateuque, furent toûjours reſpectez , parce que Jeroboam en tira toute la

Trente-uniéme ſiecle.

police civile & religieuse qu'il fit observer à son peuple, quoy-qu'il corrompist le sens de la Loy.

Philemon Mais les Rois d'Israël & de Juda ne firent-ils point quelque alliance qui réunist les deux Royaumes ?

Ariste'e. Athalie fille de l'impie Achab & de la cruelle Jesabel, épousa Joram fils du pieux Josaphat : mais elle ne porta avec elle que l'impieté de sa maison, impieté qui fut suivie de cruautez effroyables, & qui causa presque l'extinction entiere des deux maisons. Enfin ces deux Royaumes Juda & Israël tantost sur le point de leur ruine par l'impieté, & tantost relevez par la pieté de leurs Rois, perirent l'un sous Ozée, l'autre sous Sedecias, comme nous avons déja vû.

Philemon. Voyons un peu pre-

sentement ce qui se passoit hors
la Judée.

ARISTÉE. Vous avez oüy parler sans doute de la fameuse Didon.

PHILEMON. Ce nom-là m'est
fort connu. Mais qui étoit-elle
cette Didon?

ARISTÉE. Un Roy de la ville
de Tyr, fondée du tems de la
prise de Troye, & si connuë des
gens de mer, eut un fils nommé
Pygmalion, & une fille nommée
Elissa ou Didon. Pygmalion heritier du Royaume de son pere,
maria Didon à Sichée, homme
puissamment riche, & puis le tua
pour avoir ses tresors.

PHILEMON. Il ne faisoit pas
bon-là pour Didon elle-même.

ARISTÉE. Elle n'y demeura
pas aussi long-tems; elle passa en
Affrique où elle bâtit Cartage
dans une situation qui n'étoit pas Trente-
deuxiéme
siecle.

moins avantageufe que celle de Tyr, & qui luy donnoit l'empire de la Mer.

PHILEMON. L'on bâtiſſoit donc alors des Villes où l'on vouloit.

ARISTE'E. Elle ſe ſervit d'une adreſſe pour en avoir la permiſſion. Elle ne demanda qu'autant de terre que la peau d'un bœuf en peut environner.

PHILEMON. On ne pouvoit pas luy refuſer ſi peu de choſe.

ARISTE'E. Mais que fit-elle? Elle ne fit qu'un filet de cette peau en la découpant tout autour : & de cette maniere elle embraſſa une grande étenduë de terre.

PHILEMON. Les gens du tems paſſé étoient bien fins. Elle eut aprés cela où bâtir une Ville. Ce Troyen vagabond, qu'on appelle le pieux Ænée, n'y vint-il pas aborder aprés l'incendie de Troye?

Cette pauvre Didon fut bien mal payée du bon accueil qu'elle luy fit.

ARISTE'E. Virgile qui ne se met pas fort en peine de la Chronologie, le dit ainsi. Mais comme nous trouvons prés de trois cens ans entre la prise de Troye & la fondation de Cartage, nous ne sommes pas obligez de le croire sur sa parole.

PHILEMON. Non, sans doute. Et où en étoient alors les Grecs, ces vainqueurs de la nation d'Æ-née?

ARISTE'E. Ils se rendoient celebres en toutes manieres. A la puissance, ils commençoient à joindre les beaux arts. Un He-siode, un Homere, faisoient des Poëmes qui ont fait l'ad-miration de leur tems & du nô-tre.

PHILEMON. On trouve, dit-on, dans leurs écrits beaucoup

de grandeur avec beaucoup de simplicité.

ARISTE'E. La simplicité est le caractere de l'antiquité. Voyez les Cantiques de l'Ecriture ; rien n'est plus grand, plus hardy, & plus simple en même tems. Tous les Livres saints ont le même cara-ctere, justifié suffisamment par le stile des plus celebres Auteurs de l'antiquité. Mais les Grecs n'eurent pas seulement des Poëtes, ils eurent un Legislateur. C'étoit Lycurgue qui donna des Loix à Lacedemone.

PHILEMON. Je croy que celuy-là ne valoit pas Moïse.

ARISTE'E. Les Loix que Moïse apporta de la montagne partoient d'une intelligence infinie. Dieu qui prévoit & qui compare tout les avoit dictées : elles remedioient à tout. Mais quelles Loix peut-on attendre d'un homme qui n'agit que par son propre esprit. Lycur-

gue avoit un bon esprit ; mais un
esprit limité. Il suit les Institutions
de Minos ; & pendant que l'un &
l'autre veulent faire de bons soldats, ils laissent glisser le déreglement parmy les femmes.

PHILEMON. Pour faire de bons
soldats, les exercices du corps
sont necessaires. Apparemment
les Grecs s'y attacherent beaucoup.

ARISTE'E. Ils renouvellerent
pour cela les jeux Olympiques,
autrefois instituez par Hercule :
& ils les celebroient avec toutes
sortes des magnificences ; premie-
rement à Pise, & ensuite à Elide.
Ils proposoient des prix au vainqueur ; ils le combloient d'honneurs ; il recevoit des applaudis-
semens de toutes parts : & par-là
tous les jeunes gens étoient extrémement animez à donner des marques de leur force & de leur addresse.

L'An du
monde
3218.

Trente-
troisième
siècle.

Philemon. C'eſt ſans doute du renouvellement de ces jeux qu'on a tiré les Olympiades. Mais je ne ſçay pas bien ce que c'eſt qu'O-lympiade.

Ariste'e. C'eſt la revolution de quatre années. La premiere Olympiade eſt marquée par la victoire de Corebe : & là com-mencent les tems hiſtoriques. Car avant ce tems-là, les Hiſtoires prophanes ſont remplies de tant de fables, qu'on a bien de la peine à en tirer quelque choſe de certain.

Philemon. Finiſſons donc cet entretien.

Ariste'e. Demain nous nous entretiendrons de Rome & de ſes Rois. Vous voudrez ſçavoir d'où eſt venu Romulus, & on ne pour-ra vous ſatisfaire ſans s'engager encore un peu dans le Païs des fables.

Philemon. Tirez-m'en, je
vous

vous prie, dés aujourd'huy.

ARISTE'E. Les premiers peuples d'Italie ont esté les Aborigenes, c'est à dire, des gens dont on ne sçait point l'origine.

PHILEMON. Bon: il n'y a point de fable jusques-là.

ARISTE'E. Leur premier Roy fut Saturne, qui fit paroître un âge d'or. A cause du bonheur dont il combla ses Peuples, ils instituerent en son honneur les Saturnales, qui étoient des Festes qu'on celebroit le 14. Decembre, & où les esclaves buvoient & mangeoient avec les maîtres pour une plus grande réjoüissance.

PHILEMON. Ce Saturne devoit toûjours regner.

ARISTE'E. Cependant Jupiter son fils le détrôna.

PHILEMON. Et quand Jupiter fut Roy du Ciel, qui fut Roy d'Italie ?

ARISTE'E. Il avoit un fils

Tome I.   F

appellé Faune , qui remplit bien cette place. Evandre qui s'étoit avifé de tuër fon pere, vint de je ne fçay où fe jetter entre fes bras.

PHILEMON. Cela devoit produire une belle alliance.

ARISTE'E. Faune époufa Fatua. Mais la fille qui fortit de ce mariage fe laiffa corrompre par Hercule , qui venoit de défaire Geryon, un Efpagnol qui avoit trois corps & trois ames.

PHILEMON. Je croy que vous vous mocquez de moy.

ARISTE'E. Non, Philemon, Geryon n'étoit peut-eftre pas tel. Il n'étoit apparemment que bien grand & bien gros. Mais de cette action d'Hercule , il vint un enfant appellé Latinus. Il étoit Roy lorfqu'Ænée aborda en Italie. On fçait que celuy-cy époufa fa fille Lavinia aprés avoir défait Turnus.

PHILEMON. Voila donc Ænée Roy d'Italie.

ARISTE'E. Oüy, Philemon, Lavinium étoit fa demeure. Mais Afcanius fon fils la quitta pour établir fon fiege à Albe.

PHILEMON. Romulus eft-il venu de ces Rois d'Albe?

ARISTE'E. D'où feroit-il donc venu?

PHILEMON. Je ne m'étonne pas fi les Romains fe font tant vantez d'avoir une origine divine, & d'être fortis d'Ænée fils de Venus. Mais ne paffons pas Albe aujourd'huy. Demain vous me direz tout ce qu'il vous plaira du fondateur de Rome.

ARISTE'E. Je fuis tout à vous, Philemon.

V. ENTRETIEN.

Sur ce qu'on avoit omis dans le troisiéme, depuis le tems de la fondation de Rome jusqu'à Cyrus.

Les actions des Rois de Rome. Les Gaulois & les
Grecs se répandent dans l'Italie. L'Egypte
ouverte aux Grecs. Solon sage Legislateur.
Pisistrate Tyran d'Athenes. Babylone ren-
versée. Cyrus renvoye les Juifs rétablir leur
Temple. L'origine des Samaritains de ce
tems-là. Les conquêtes & les vertus de
Cyrus. Etat de la Perse aprés Cyrus. Le
Temple rétably, &c.

PHILEMON. J'Ay lû ce matin sur
une feüille volante
le sort fatal du pauvre Roy d'Albe
Numitor. Son frere Amulius avoit
l'ame bien noire d'enfer mer Rhea
sa fille dans un bois aprés l'avoir
détrôné. Il craignoit que de cette
fille il ne sortit des enfans qui re-
demandassent le Trône de leur
Grand-pere. Mais s'il la déroba
aux hommes, elle ne pût échaper

au Dieu dont elle étoit Prêtres-
se ; elle en eut deux heritiers
du Royaume que son pere avoit
perdu.

ARISTE'E Vous voila sçavant
dans l'Histoire de l'origine de
Rome. Ces deux enfans n'é-
toient-ils pas Remus & Romulus,
de la race de Mars ?

PHILEMON. Leur grand oncle
sans respect pour le Dieu qui étoit
leur pere, les fit exposer. Mais ils ne
furent pas perdus pour cela. Une
Louve en prit soin ; & ensuite élevez dans la maison d'un berger,
ils devinrent capables de chasser
Amulius du Royaume qu'il avoit
usurpé, & d'y rétablir Numitor.

ARISTE'E. Les affaires des usurpateurs tost ou tard vont en dé-
cadence. Voila deux braves enfans : mais ils auront de la peine
à se souffrir l'un l'autre.

PHILEMON. Il est vray. Romulus assemble quelques hommes &

bâtit une Ville, dont Romulus
fe moque. Il dit qu'il fauteroit
bien par deſſus ; & Romulus indigné, le tuë ſans autre forme de
procés. Voila tout ce que j'en
ſçay.

ARISTE'E. Hé bien, Romulus
eſt un parricide. La Ville qu'il
bâtit n'eſt rien dans les commencemens, & cependant il ſera pere
d'un Peuple qui étendra ſes conquêtes par tout l'Univers : & ſa
Ville ſera la grande Rome, la
maîtreſſe du monde.

PHILEMON. Voyons en, je vous
prie, un peu le progrez.

ARISTE'E. Romulus débuta par
un tour de politique, qui fit bien
voir qu'il ſçavoit regner. Les Sabins ſes voiſins étoient capables
de l'incommoder. L'enlevement
de leurs femmes & de leurs filles,
ravies par les nouveaux Romains
pour avoir des enfans, leur tenoit
au cœur ; il les adoucit en uniſ-

sant les deux Peuples, & en partageant le commandement avec Tatius leur Roy. Ce fut cette alliance qui fit appeller les Romains *Quirites*, à cause de la Ville de Cures, qui étoit la Ville des Sabins.

PHILEMON. Voila un grand acheminement à la puissance. Mais il falloit exercer ce Peuple naissant à la guerre, afin que dans la suite il pust se rendre maître des autres Peuples.

ARISTE'E. La nouvelle Ville fut consacrée au Dieu Mars: Et à la discipline militaire le fondateur joignit des Loix pour établir la societé civile.

PHILEMON. Mais cela ne suffit pas. Il faut une Religion pour assujettir les esprits.

ARISTE'E. La vie de Romulus ne fut pas assez longue pour tout regler. Numa son successeur acheva ce qui n'avoit esté que commencé.

PHILEMON. Et comment s'y prit ce second Roy pour faire recevoir le culte & les ceremonies qu'il établit ?

ARISTE'E. Il se retiroit, dit-on, à certaines heures du jour dans une caverne, où il disoit avoir des entretiens avec une Deesse, qui luy marquoit comment les Dieux vouloient estre adorez.

PHILEMON. C'étoit le moyen de faire recevoir avec respect toutes ses institutions. N'en peut-on pas sçavoir quelques-unes ?

ARISTE'E. Il institua des Festes, un Pontife ainsi appellé, parce qu'il avoit la charge de faire rétablir un pont appellé Sublice. Il institua les Augures & les Prêtres de Mars appellez Salyens, parce que dans leurs fonctions ils sautoient.

PHILEMON. Avec ces Pontifes, n'institua-t-il pas aussi ces Vierges qu'on appelloit Vestales. Car j'ay oüy dire que le Pontife en étoit le directeur, & que si elles laissoient éteindre le feu de Vesta dont elles étoient gardiennes, il les châtioit comme il faut.

Ariste'e. Ces Vestales étoient aussi de son institution: & avec le feu sacré il leur confia une image de Pallas, qu'on appelloit *Palladium*, apportée par Ænée en Italie : & le bouclier appellé *Ancile*, qui étoient deux pieces tombées du Ciel, si l'on en croit les Romains, & ausquelles leur destin étoit attaché.

Philemon. Celuy qui vint aprés Numa trouva toutes choses bien disposées. Il pouvoit gouter les fruits des travaux & de la politique de ses predecesseurs.

Ariste'e. Ce fut Tullus Hostilius, qui ne negligea rien de ce qui restoit à faire. Il perfectionna l'art militaire, & sous son regne les trois Horaces acquirent tout le courage & toute l'adresse necessaire pour vaincre les trois Curiaces, & soûmettre par cette victoire la ville d'Albe aux Loix Romaines.

PHILEMON. Il ne restoit plus qu'à embellir la Ville, & à la rendre éclatante aux yeux des peuples voisins.

ARISTE'E. Cela fut reservé à Ancus Martius. Il poussa ses conquestes jusqu'à la mer voisine, où il bâtit la ville d'Ostie : & il joignit par un Pont les deux parties de Rome, qui étoit divisée par le Tibre. Mais Tarquin l'ancien fut celuy qui se signala par les ornemens qu'il y mit. Ce cinquiéme Roy venu de Corinthe, fit élever les plus superbes édifices que l'on eust vû jusqu'alors dans l'Italie. C'est de luy que sont venus les habits de guerre appellez *paludamenta.* Les Robes peintes, les Tuniques palmées pour les triomphans : ces autres grandes Robes appellées *Trabea* : ces autres qu'on appelloit *Prætexta*, que les jeunes gens portoient jusqu'à l'âge de dix-sept ans. Les marques de Chevalerie, les chaises d'yvoire , les anneaux d'or , & les équipages des chevaux appellez *Phallera*.

Philemon. Mais en quoy differoient toutes ces robes?

Ariste'e. Les habits de guerre étoient diversifiez de pourpre & d'écarlatte ; sur les robes peintes il y avoit diverses figures en broderie. Les Tuniques palmées étoient de pourpre , avec des palmes. Les robes appellées *Trabea* étoient des bandes de diverse couleur. Celles qu'on appelloit *prætexta* étoient blanches , & bordées de pourpre par en bas.

Philemon. Voila bien des magnificences ! Tout cela impose fort au peuple , & ne contribuë pas peu à relever l'éclat de la dignité Royale.

ARISTE'E. Cependant voicy Servius Tullius qui songe à l'abolir. Il fait le dénombrement des Citoyens, qu'il distribuë en certaines classes, ce qu'on appelle le cens: & veut établir l'état Consulaire. Mais la mort rompit tous ses desseins, & abandonna son trône au superbe Tarquin.

PHILEMON. Celuy-là ne fut pas de l'humeur de son predecesseur; il aimoit bien à regner.

ARISTE'E On vit alors, Philemon, une image de ce que nous voyons aujourd'huy. Un gendre plein d'orgueil, une fille dénaturée, un complot détestable, pour envahir le Royaume d'un Prince, dont la prudence & la moderation preparoit un âge d'or pour les Romains. Un Tarquin & une Tullia sur le trône de Tullius, qu'ils avoient fait perir.

PHILEMON. Ce cruel ufurpateur apparemment gouverna le Royaume comme il l'avoit acquis.

ARISTE'E. Ce ne fut que violences de la part du pere, & que cruautez de la part des enfans. L'un d'eux appellé Sextus, entre mille excés qu'il commit viola Lucrece, qui fe tua pour ne pas furvivre à fon deshonneur. De forte que le peuple indigné & rebuté, n'eut pas plûtoft entendu la harangue de Brutus, qu'il extermina les Tarquins.

PHILEMON. Le peuple ne s'accommode jamais des ufurpateurs. Il faut des principes d'équité & de juftice pour gouverner les hommes : & les ufurpateurs n'ont ni équité ni juftice. Peut-eftre qu'un peuple aveuglé prefentement, en aura bien-toft l'experience, & gemira de s'eftre laiffé abufer d'une fi étrange maniere. Mais dites-moy ce que vous penfez de l'a-

Trente-cinquiéme fiecle.

ction de Lucrece. I'y trouve bien de la bizarrerie. Le mal étoit fait, quand elle se donna la mort.

ARISTE'E. Il est évident que la mort vint un peu trop tard. Mais que voulez-vous ? En qualité de Payenne elle fut seduite par un honneur mal entendu.

PHILEMON. Laissons-là Lucrece, & continuons à parler des Romains. Je voy que leur Ville s'augmente beaucoup, & que les ennemis dont elle étoit environnée en deviennent les Citoyens. Mais quand elle n'eut plus de Rois, quelle fut la forme de son gouvernement?

AR STE'E. Nous y reviendrons Philemon. Vous sçavez qu'il ne faut pas avoir toûjours les yeux sur une même chose. La Gaule dans ces tems n'étoit pas un fort bon païs ; & deux freres appellez Bellovese & Segovese s'y trouvoient si mal placez, que Bellovese vint s'établir en Italie, où il se rendit maître des environs du Po.

PHILEMON. Voila des voisins de Rome qui pourront bien l'incommoder. Et Segovese que devint-il ?

ARISTE'E. Il s'en alla dans la Germanie avec un autre essain de la Nation. Mais les Gaulois ne furent pas les seuls, que le climat d'Italie attira, les Grecs de Corinthe y voulurent aussi avoir des Villes. Syracuse en Sicile étoit de leur fondation ; & par celle de Crotone & de Tarente, ils firent revivre en Italie le nom de grande Grece.

PHILEMON. Et dans l'autre Grece que s'y passoit-il ?

ARISTE'E. Le commerce, la bonne discipline , tout ce qui peut servir à rendre un peuple heureux y fleurissoit.

PHILEMON. Et comment leur

commerce s'étoit-il tant grossi ?

ARISTÉE. L'Egypte depuis la réünion des quatre Principautez, Thin, Memphis, Tanis & Thebes étoit devenuë un puiffant Royaume, & jufqu'alors elle avoit efté fermée aux étrangers. Mais Pfammetique obligé d'appeller à fon fecours les Ioniens & les Cariens, pour remedier aux broüilleries de fon Royaume, leur y donna entrée, & en reconnoiffance des bons fervices qu'il en recût, leur donna la liberté du commerce avec les Egyptiens.

PHILEMON. Les loix de Lycurgue apparemment n'avoient pas peu contribué au bonheur de la Grece.

ARISTÉE. Elle eut un fecond Legiflateur. C'étoit Solon, qui ne cedoit en rien au premier; & qui pofoit pour fondement de fes loix, qu'on ne pouvoit venir à une parfaite liberté que par la voye de la justice.

PHILEMON. Je sçay ce que c'est que ce Solon. C'est un de ces sept Sages fameux, dont on nous rapporte tant de sentences.

ARISTE'E. Cet homme qui voyoit combien les Atheniens étoient jaloux de leur liberté, se sert de cette forte inclination pour leur faire aimer la justice. C'est ainsi, Philemon, qu'il faut conduire les hommes. Il ne faut pas attaquer ouvertement leur passion dominante, rien n'est plus dangereux. Mais il faut s'en servir adroitement pour les rendre tels qu'ils doivent estre : & c'est en cela que consiste tout le secret de la politique.

PHILEMON. Ces Atheniens avoient-ils toûjours des Archontes ?

ARISTE'E. Ils en avoient encore. Mais ils avoient un grand penchant pour l'état populaire. Cela paroît aſſez, en ce qu'aprés avoir fait les Archontes perpetuels, ils en reduiſirent l'adminiſtration à dix ans, & puis à un an. Alcmœon fut le dernier perpetuel. Charops le premier pour dix ans : & Creon le premier pour un an.

PHILEMON. Mais ce peuple en diſpoſant ainſi de la Magiſtrature, ne trouva-t-il perſonne qui en voulût à ſa liberté?

ARISTE'E. Piſiſtrate ayant taillé en pieces ceux de Megare, qui avoient voulu ſurprendre les femmes Atheniennes, pendant qu'elles celebroient les Eleuſines, voulut pour prix de cette victoire avoir une ſouveraine autorité. Les Atheniens ne pûrent éviter ſa tyrannie ; mais dans le tems que Rome ſe défit de ſes tyrans, Athenes trouva deux liberateurs, Harmodius & Ariſtogiton, qui la délivrerent d'Hyparque fils & ſucceſſeur de Piſiſtrate : Et la mort de ce second Tyran fit revivre l'état populaire.

PHILEMON. Ce siecle n'étoit pas favorable aux Tyrans : Athenes étoit bien obligée à ces deux zelez défenseurs de sa liberté.

ARISTE'E. Ils ne goûterent point les fruits de leur action, parce qu'ils furent tuez sur le champ par les Gardes d'Hypparque. Mais les Atheniens leur érigerent des statuës. C'est tout ce qu'on peut faire à des hommes morts. Nous voicy , Philemon, revenus à Cyrus.

PHILEMON. Je suis bien-aise de le retrouver. Car l'idée que vous m'en avez donnée en a fait mon Heros.

ARISTE'E. Les soixante-dix ans pendant lesquels les Prophetes avoient marqué si souvent que les Israëlites devoient demeurer en captivité expiroient. Babylone étoit insensible aux menaces de

Sixiéme âge du monde.

Huitiéme Epoque.

Cyrus l'an du monde 1468.

Trentecinquiéme siecle.

ces mêmes Prophetes. La confiance qu'elle avoit en elle-même luy faisoit méprifer les approches & les attaques de fes ennemis. Elle étoit affiegée. Mais le fiege n'étoit point capable de troubler les feftes & les feftins. Elle fe mocque également de Cyrus & du Dieu d'Ifraël.

PHILEMON. Je crains fort que fes réjoüiffances ne foient fuivies de fa defolation.

ARISTE'E. N'en doutez pas, Philemon, dans le tems qu'elle infulte ainfi aux puiffances du Ciel & de la Terre, l'Euphrate détourné donne paffage aux Medes & aux Perfes : l'ennemy eft fur fes murailles ; & l'épée eft levée fur tous fes habitans.

PHILEMON. Cette Babylone eft une figure bien naturelle de ces ames venduës au peché, qui s'applaudiffent à elles-mêmes ; & qui croyent eftre dans l'abondance de la paix , pendant que leur Juge prepare leur Sentence , & qu'une nuit éternelle est preste à les envelopper.

Ariste'b. Mais considerons une chose , à laquelle on ne pense guere. Quand on voit Ninive, Babylone , Jerusalem renversées, on croit que ces renversemens ne sont reglez que par la volonté des hommes ; parce qu'effectivement les hommes n'ont renversé ces Villes que parce qu'ils ont voulu les renverser. Mais voyez comme chacun en cela reçoit selon ses œuvres, la proportion qui se trouve entre la peine & les desordres, les grandes choses qui s'éxecutent par là : & vous avouërez que ce n'est point une volonté aveugle telle qu'est celle des hommes pas-sionnez & pleins d'eux-mêmes, qui regle les évenemens : mais que c'est une intelligence infinie & une main toute-puissante qui se sert de leurs passions pour l'éxecution de ses desseins.

PHILEMON. Ne trouvez-vous pas aussi que dans le changement continuel des choses humaines, il y a quelque chose de constant & d'invariable : toûjours un même cours dans les affaires : les hommes toûjours agissans par les mêmes principes.

ARISTE'E. Ce qu'il y a d'inconstant est de la part des hommes. Ce qu'il y a de fixe & de reglé est de la part de Dieu. Rien n'est plus mobile que l'imagination des hommes. Mais la main qui s'en sert est immuable ; & lorsque par mille moyens divers ils croient ne travailler que pour eux-mêmes, Dieu éxecute constamment par eux ses volontez. C'est que Dieu n'a creé les hommes qu'aprés avoir ordonné la suite de toutes leurs pensées & de tous leurs mouvemens : & que ce qu'il a connu

dans l'éternité , il l'employe prefentement pour manifefter fa puif-
fance , fa bonté & fa fageffe.

PHILEMON. Voyons, je vous prie
prefentement ce que devinrent
les Juifs aprés le renverfement de
Babylone.

ARISTE'E. Cyrus connut qu'il
étoit député du Ciel pour délivrer
ce peuple ; & que le grand Dieu
des armées étoit l'auteur de fes
victoires. Cela l'attachoit merveil-
leufement à fon devoir : jufques-là
que dans la crainte qu'il avoit de
s'oublier , il ordonna qu'on luy
vint dire de tems en tems : Souvenez-vous, ô Prince, des chofes
que le Dieu du Ciel vous a con-
fiées.

PHILEMON. Aprés cela je penfe
que tout alloit bien pour les
Juifs.

ARISTE'E. Dieu les avoit châ-
tiez en pere , qui ne vouloit que
les rappeller à leur devoir. C'eft

pourquoy Cyrus aprés avoir éteint la race des perſecuteurs, ne ſon-gea qu'à donner des marques de ſa protection au peuple perſecu-té. Il luy donna plein pouvoir de retourner dans ſon païs, & de ré-tablir le Temple. Tous les vaſes qui en avoient eſté enlevez furent rendus : & Zorobabel partit in-continent avec la pluſpart des choſes qui luy étoient neceſſai-res, pour avancer l'œuvre de Dieu.

PHILEMON. Les Hebreux eu-rent alors de grands ſujets de conſolation en voyant par l'ac-compliſſement de tant de Pro-pheties, que Dieu n'étoit pas moins leur pere que leur juge ; & que tout ce qui arrivoit étoit pour eux. O qu'elle joye ! de re-lever le Temple d'un Dieu, dont ils reſſentoient ſi vivement la puiſ-ſance, & la bonté.

ARISTE'E. Ils y travailloient
avec

avec une ardeur incroyable , lorſque les Samaritains voulant avoir
part à leur gloire , les vinrent troubler dans leur ouvrage.

PHILEMON. Mais ne m'avez-
vous pas dit que le Royaume
d'Iſraël, dont la Capitale étoit Samarie , avoit eſté renverſé par
Salmanaſar ; & que les dix Tribus
tranſportées à Ninive y furent ſi
bien confonduës avec les Gentils,
qu'on n'en reconnut plus aucune
trace ?

ARISTE'E. Il eſt vray qu'alors
on ne connoiſſoit plus aucun de
ces premiers habitans de Samarie.
Mais Aſſar-Addon , petit fils de
Salmanaſar , envoya une colonie
de Cuthéens qui étoient des peuples d'Aſſyrie, pour habiter cette
Ville. C'eſt de ces nouveaux Samaritains dont je parle.

PHILEMON. Mais quelle part
pouvoient pretendre ces Idolâtres, au rétabliſſement du Temple?

Tome I.   G

ARISTE'E. Ils connoissoient la puissance du Dieu d'Israël. Ils se souvenoient que lorsqu'ils vinrent à Samarie, ils furent attaquez de tous côtez par des bestes farouches, dont ils ne purent estre délivrez que lorsque se doutant bien que le Dieu du païs se declaroit contre eux, ils demanderent à Assar-Addon un Prêtre Israëlite, qui leur apprit ce qu'ils avoient à faire. Ce Prêtre vint, & les instruisit dans les observances de la Loy de Moïse. Mais il leur fit rejetter tout ce qui venoit des Prophetes à l'exemple des dix Tribus schismatiques, qui n'avoient retenu que le Pentateuque.

PHILEMON. Cela justifie bien l'ancienneté du Pentateuque. Car le voicy entre des mains qui ne sont point suspectes. Mais je m'imagine que ce Peuple fit un mélange de ses superstitions, & de la Loy de Moïse.

ARISTE'E. On ne peut pas attendre autre chose d'un Peuple né
dans l'Idolatrie : Aussi Zorobabel
& tous les Hebreux, pleins d'horreur pour un tel mélange, ne voulurent jamais leur donner part à
l'édifice du nouveau Temple.

PHILEMON. Voila aussi de nouvelles divisions, & des inimitiez
furieuses que la jalousie produira.
Que faisoit Cyrus cependant ?

ARISTE'E. Il gouvernoit son
grand Empire avec beaucoup de
sagesse & de moderation. Avant
que d'abatre Babylone, il avoit
assujetty tous les alliez de ses
Rois, entr'autres Croesus Roy de
Lydie, qui auroit esté invincible
si ses forces avoient égalé ses richesses. La Syrie & une bonne
partie de l'Asie mineure, l'Arabie entiere, luy étoient soumises.
Il étoit maître de l'Orient & se
rendoit aimable à tous ses Peuples.

PHILEMON. J'ay oüy dire qu'il eut une retenuë merveilleuse à l'égard des femmes.

ARISTE'E. Cela parut assez, lorsqu'un Seigneur de son armée voulant luy presenter une fille esclave d'une beauté extraordinaire, il ne la voulut point voir crainte de de s'exposer à quelque action indigne d'un grand homme.

PHILEMON. Il sçavoit que lorsqu'on veut voir une femme pour sa beauté, il est rare qu'on en demeure-là.

ARISTE'E. Ce n'étoit pas le sentiment de celuy qui amenoit l'esclave. Il disoit que le cœur de Cyrus ne s'engageroit qu'autant qu'il luy plairoit.

PHILEMON. Et du sien qu'en pensoit-il?

ARISTE'E. Il disoit que bien qu'inferieur à celuy de Cyrus, il ne baisseroit point sous les charmes de cette Belle.

PHILEMON. En verité, il meritoit bien qu'on le mît un peu à
l'épreuve.

ARISTE´E. Il y fut mis, Philemon. Cyrus luy dit qu'il pouvoit
garder celle dont il luy vouloit
faire present : & la passion luy
apprit bien-tost qu'il ne connoissoit ni son cœur ni celuy des autres
hommes.

PHILEMON. Je ne voy rien que
de grand dans Cyrus. C'est assurément le premier de ces hommes
dont Dieu se sert pour montrer
qu'il est le maître des peuples de
l'Univers, qu'il change comme il
luy plaît les affaires humaines, &
que tout doit servir à l'execution
du plus grand ouvrage qu'il ait en
vûë, je veux dire, à la perfection
de son Eglise. Cyrus eut-il un successeur digne de luy ?

ARISTE´E. Il eut Cambise qui
ne manquoit pas de courage. Aux
conquêtes de son pere, il joignit

celle de l'Egypte qui jusqu'alors n'avoit connu que ses propres Loix. Mais sa fin fut tragique. Pour avoir vû en songe son frere Smerdis élevé sur le Trône, il le fitassasiner par un Mage. Celuy-cy voulant profiter de l'action qu'il venoit de faire, fit passer son frere appellé aussi Smerdis pour le frere du Roy, & luy met la couronne sur la teste.

PHILEMON. Apparemment que les deux Smerdis se ressembloient, & que l'assasin toucha le peuple par des discours affectez en faveur du pretendu frere de Cambise. Mais voyons la suite.

ARISTE'E. Cambise apprend ce qui se passe, il en est allarmé, & monte à cheval avec tant precipitation, que son épée sortie de son fourreau, luy entre dans la cuisse & luy donne la mort.

PHILEMON. Rien ne s'oppose donc plus aux Mages. Furent-ils

long-tems en poſſeſſion de l'Empire ?

ARISTE'E. Le ſort du Mage
Smerdis ne fut pas moins tragique que celuy de Cambiſe. Car
une de ſes concubines ayant declaré qu'il avoit les oreilles coupées ;
on connut en même tems l'artifice des deux Mages : & les ſept
principaux Seigneurs de l'Empire
ne differerent pas la mort d'un ſi
infame uſurpateur.

PHILEMON. C'étoit un de ces
Seigneurs qui devoit eſtre élevé à
la dignité Royale. Mais comment
faire pour qu'il y en euſt ſix contens de voir un ſeptiéme ſi fort
élevé au deſſus d'eux ?

ARISTE'E. Ils convinrent entr'eux que celuy dont le cheval
henniroit le premier ſeroit reconnu Roy : & ce fut Darius fils
d'Hyſtaſpes , qu'on appelloit le
meilleur & le mieux fait de tous
les hommes. Ce fut ſous ſon regne

Trente-
cinquiéme
ſiecle.

que malgré l'envie, & les oppositions des Samaritains, le nouveau
Temple de Jerusalem fut achevé.

PHILEMON. Je croy franchement
que ce second Temple ne ressembloit pas au premier.

ARISTE'E. L'extréme difference
que Zorobabel, & ceux qui avoient
le plus contribué à l'achever y re-
marquoient, leur faisoit verser des
larmes. Ils pensoient qu'elle étoit
encore une marque sensible de la
colere de Dieu. Mais un Ange leur
vint apprendre ce qu'ils en devoient penser, & leur montra de
loin le Temple auguste & spirituel
qui devoit faire leur consolation,
puisque tous les Temples qui pouvoient estre bâtis de la main des
hommes n'en étoient que des figures fort imparfaites.

PHILEMON. C'étoit apparemment l'Eglise de JESUS-CHRIST
dont l'Ange leur parloit. Car c'est-
là que Dieu a des Adorateurs en

esprit & en verité. Mais je croy,
Aristée, que vous m'avez propo-
sé d'assez grands objets dans cet
entretien, pour que nous le finis-
sions.

ARISTE'E. J'y consens, Philemon.

VI. ENTRETIEN.

Sur ce qui s'est passé dans le monde
depuis le rétablissement du Temple
de Jerusalem jusqu'au tems d'Alexandre le Grand.

*Les Perses attaquent les Grecs. Les Perses sont
battus. La grande armée de Xerxes taillée en
pieces. Les Capitaines de la Grece mal recom-
pensez de leurs services. Le genie de Xerxes.
Les Perses toûjours malheureux contre les
Grecs. Les Juifs rebâtissent la Ville de Jerusalem. Les Juifs qui ne veulent pas ren-
voyer les femmes étrangeres qu'ils avoient
épousées, opposent le Temple de Garizim à
celuy de Jerusalem. Zele des Consuls Romains.
Horace, Scevola & Clelie se signalent pour
leur Patrie. Le peuple Romain se revolte. On
luy donne des Tribuns. L'origine de la puissance des Decemvirs. Rome soumet ses voisins.
Elle est pillée par les Gaulois. Camille la
vange. Les guerres du Peloponese entre les
Atheniens & les Lacedemoniens. La Perse
punie de s'en estre mêlée. Les Lacedemoniens
vainqueurs des Atheniens sont abbatus par les
Thebains. Philippe de Macedoine devient
maitre de la Grece.*

ARISTE'E. AVez-vous fait quelque reflexion sur
nôtre dernier entretien ? Que

penſez-vous de l'Empire des Perſes, & de l'état de la Grece ?

PHILEMON. Les Perſes, maîtres
de l'Orient , de l'Arabie, & de
l'Egypte , apparemment le vou-
dront eſtre de la Grece. Ce païs
ſi floriſſant leur donnera de la jalouſie, & ils chercheront par tout
des pretextes pour l'attaquer.

ARISTE'E. C'eſt l'eſprit de tous
les Peuples qui ont commencé à
étendre leurs conquêtes. Il reſtoit
un ſecond fils de ce Tyran Piſiſtrate dont nous avons parlé. C'étoit
Hippias, qui s'étant ſauvé d'A-
thenes, alla demander du ſecours
à Darius pour ſe faire le troiſiéme
Tyran des Atheniens. Il n'en fallut
pas davantage au Perſan : c'étoit
la cauſe de ſon Allié. Il fit marcher une puiſſante armée contre
la Grece.

PHILEMON. Les Atheniens ſe
trouverent-ils alors en état de re-
ſiſter ?

Trente-
cinquiéme
ſiecle.

G vj

ARISTE'E. Ils n'avoient que dix mille hommes. Mais ce petit corps d'armée avoit une bonne teste. Miltiade de la race de Codrus, attira Mardonius gendre de Darius, & le General de son armée à cinq lieuës d'Athenes: & là dans la plaine de Marathon les Grecs taillerent en pieces les Perses.

PHILEMON. Aprés cette défaite Darius eut-il envie de recommencer ?

ARISTE'E. Vous pouvez penser que cela luy tenoit au cœur. Les Grecs par leur victoire s'étoient rendus redoutables; mais la grandeur de son Empire luy faisoit tout esperer. Cependant il en demeura là. Xerxes son fils fut celuy qui voulut vanger l'honneur de la Perse. Dans ce dessein il met dix-sept cens mille hommes sur pied, & une Armée sur mer de douze cens vaisseaux.

PHILEMON. Je ne m'étonne pas

si quelqu'un a dit que Xerxes ab-
batoit les montagnes & deffei-
choit les mers.

ARISTE'E. Cependant voyez le
sort de ces deux prodigieuses Armées. Leonidas attend les Perses
à un defilé du mont Oëta, qu'on
appelle les Thermopyles, & là avec
trois cens hommes seulement, il en
défait environ vingt mille.

PHILEMON. Voila de méchans
commencemens pour Xerxes.

ARISTE'E. La mesme année
son Armée navale fut défaite prés
l'Isle de Salamine, par les conseils
de Themistocle. Ce fut là que
Simon fils de Miltiade, se montra imitateur de la valeur de son
pere.

PHILEMON. Je voy bien que ce
malheureux Prince va tout perdre.

ARISTE'E. Artemise Reine de
Carie étoit venuë pour grossir encore ses troupes ; mais elle ne le

délivra pas de la frayeur dont il fut saisi en voyant de si mauvais succez & par mer & par terre. Il repasse au plûtost l'Hellespont : & on le vit alors dans une barque aussi petit qu'il avoit paru redoutable auparavant.

PHILEMON. Mais que devint le reste de ces dix-sept cens mille hommes qu'il avoit amenez ?

ARISTE'E. Il en laissa la conduite à Mardonius son beau-frere.

PHILEMON. Les voila en bonne main. Reüssit-il aussi bien qu'à Marathon ?

ARISTE'E. Tout de même. Aristide Athenien, & Pausanias Roy de Lacedemone, le défirent entierement prés de Platée, entre Thebes & Athenes ; & pour comble de malheur, il apprit que sous la conduite de Leotychide, les Grecs Ioniens qui avoient secoüé le joug des Perses, en avoient taillé en pieces trente mille le même jour dans la bataille de Mycale, qui eſt une montagne d'Ionie.

PHILEMON. Je croy avoir oüy dire quelque choſe d'aſſez ſurprenant de ce Leotychide : mais il ne me ſouvient pas bien ce que c'eſt.

ARISTE'E. Il apprit aux ſiens la défaite de Mardonius, quoy qu'il ne la ſçeût pas encore.

PHILEMON. C'eſt cela même. On eſt ſurpris de voir qu'il eût ſi heureuſement rencontré. Mais ce que j'admire le plus, c'eſt que ce Capitaine ait trouvé ce moyen d'encourager ſes ſoldats. Rien n'eſt plus puiſſant qu'une victoire remportée pour en faire remporter une autre.

ARISTE'E. Vous voyez que la Grece produiſoit de grands hommes ; mais ſouvent elle n'avoit que des rigueurs & de l'ingratitude pour eux. Miltiade reüſſit mal devant l'Iſle de Paros, & d'abord

tout blessé qu'il étoit, on le con-
damna à une amende de cinquante
talens ; ce qui le fit mourir de cha-
grin. Le credit de Themistocle
s'étoit grossi, on le prescrivit aussi-
tost ; & il ne pût mieux faire que
de s'aller jetter entre les bras des
ennemis de sa Patrie. Aristide
étoit un grand amateur de la justice & de la pauvreté. Cela n'empêcha pas qu'on ne le tint en exil
durant dix ans. Pausanias mourut miserablement, mais on ne le
plaint pas. Aprés ses victoires il
voulut estre Tyran, & il fut prest
à les sacrifier à Xerxes pour avoir
sa fille en mariage.

PHILEMON. Et de Leonidas ne
vous en reste-t-il rien à dire ?

ARISTE'E. Vous avez vû qu'avec
trois cens hommes il en défit vingt
mille ; ni luy ni les siens n'en revinrent. Il fut tué aprés avoir arra-
ché le diademe à Xerxes, & montré qu'il aimoit mieux mourir pour

le salut de sa Patrie, que de com-
mander à toute la nation.

PHILEMON. Voila les dispositions d'un grand cœur. Sous un
Capitaine de ce caractere les soldats sont toûjours hardis , & en
état de battre leurs ennemis. Je
croy que Xerxes aprés sa fuite &
la défaite de toutes ses troupes,
faisoit bien des reflexions morales.
Car je pense avoir oüy dire qu'il
étoit d'humeur à en faire: & qu'un
jour considerant sa grande Armée
il pleura dans la pensée , que de
tant d'hommes il n'en resteroit pas
un seul à cent ans de là.

ARISTE'E. C'étoit un des plus
extraordinaires personnages qu'on
ait jamais vû. Son imagination
luy presentoit mille phantômes,
tantost terribles & tantost caref-
sans. On le voyoit quelquefois
content de luy-même , admirant
sa grandeur & ses forces, prest à
tout entreprendre , & persuadé

que toute la nature se devoit soûmettre à luy. Il témoigna assez
que c'étoit sa pensée, lorsqu'il fit
donner trois cens coups de foüet
à l'Hellespont pour avoir rompu
le Pont par lequel il avoit joint les
deux villes Sestos & Abydos, qu'on
appelle les Dardanelles ; & tout
d'un coup on le voyoit abbatu par
ses propres pensées, & dans des
frayeurs qui luy ôtoient l'usage de
la raison.

PHILEMON. L'état d'une ame
agitée de beaucoup de passions,
est quelque chose de bien étrange.
Les Perses ne formoient-ils point
de nouveaux desseins contre les
Grecs ?

ARISTE'E. Ils mettoient tout en
usage pour les abbatre. Ils sollici-
terent les Carthaginois à les chasser de la Sicile. Rien n'étoit plus
commode que cette Isle, pour une
Republique qui affectoit l'Empire
de la mer. Mais autant que les

Carthaginois s'opiniâtrerent à s'en rendre les maîtres, autant les Grecs sçûrent-ils la défendre & la conserver. Artaxerxe surnommé Longuemain, fils du miserable Xerxes qu'Artaban son Capitaine des Gardes avoit assassiné, espera les abbatre par le moyen de Themistocle, qui s'étoit refugié vers luy. Mais on dit que cet Athenien, quelques promesses qu'il eust faites auparavant, aima mieux s'empoisonner que de manquer à ce qu'il devoit à sa Patrie. Le Persan neanmoins ne se rebuta pas, mais la Grece étoit le tombeau des Perses. Cimon la défendit avec la même vigueur que les Capitaines qui l'avoient precedé; & en reduisant Artaxerxe à faire une paix honteuse, il luy apprit que les Grecs ne pouvoient estre vaincus que par eux-mêmes.

PHILEMON. Il me semble que le regne de cet Artaxerxe fut assez favorable aux Juifs.

Trente-
sixiéme
siecle.

ARISTE'E. Ce Prince sans avoir
égar à tous les discours des Sa-
mari ains , voulut à l'éxemple de
Cyrus qui avoit renvoyé Zorobabel pour rétablir le Temple , ren-
voyer Nehemias son Echanson,
pour rebâtir la Ville. Ce fut la recompense, dit un Historien , d'a-
voir montré que la verité a plus
de force que le vin , & les femmes.

PHILEMON. Voila un nouveau
sujet de joye pour les Juifs. Je croy
qu'ils ne marquerent pas moins de
zele pour l'avancement de la nouvelle Ville, que pour celuy du nouveau Temple.

ARISTE'E. On en peut juger,
lors qu'on les voit tenir d'une
main la truelle & l'épée de l'autre , pour repousser les Samaritains, les Ammonites & les Arabes,
qui s'opposoient à leurs travaux.

PHILEMON. Quand la Ville fut

rétablie, il fallut auſſi rétablir le gouvernement de la Nation ; car je m'imagine que durant ſoixante-dix ans de captivité, la police s'étoit bien corrompuë.

ARISTE'E. On commença par faire une éxacte reviſion de tous les Livres ſacrez, pour corriger les fautes qui s'y étoient gliſſées. Eſdras Docteur de la Loy, eut cette commiſſion. Enſuite on travailla à reformer les abus qui s'étoient inſinuez parmy le peuple.

PHILEMON. Eſdras ne compoſa-t-il pas auſſi quelques Livres ?

ARISTE'E. Il compoſa les deux Livres des Chroniques, qu'on appelle Paralipomenes : & aprés avoir commencé l'Hiſtoire de ſon tems, Nehemias l'acheva. Une choſe à remarquer, c'eſt qu'Herodote commença ſon Hiſtoire dans le tems qu'Eſdras & Nehemias achevoient celle du peuple de Dieu. De ſorte que celuy que les Grecs appellent le Pere de l'Histoire, auroit esté tout nouveau parmy les Juifs, n'étant venu qu'au tems de leurs derniers Historiens.

PHILEMON. Je croy qu'Esdras & Nehemias eurent moins de peine à faire une Histoire, qu'une reformation ; car un peuple grossier n'abandonne pas volontiers les coûtumes que la corruption a introduites.

ARISTE'E. Il y eut un article entr'autres qui causa de grands troubles. Il portoit que tous ceux qui avoient épousé des femmes étrangeres contre la défense de la Loy, les renvoyeroient.

PHILEMON. Voicy un article bien delicat. Qu'arriva-t-il ?

ARISTE'E. Manassez frere du Pontife Jaddus s'y opposa. Il avoit épousé la fille de Sanabalat Satrape des Samaritains ; & se trouvoit si bien de son mariage, qu'il ne voulut jamais le rompre.

PHILEMON. Voila un Chef de party ; & son exemple sans doute en entraîna bien d'autres. Ne chercha-t-on point quelque temperament à cet article ?

ARISTE'E. Rien ne fut capable de changer la resolution prise dans le conseil des Juifs. Manassez se retira vers son beau-pere. Il embrassa le schisme des Samaritains. Par le credit de Sanabalat il obtint tout pouvoir du Roy de Perse : il bâtit un Temple superbe sur la montagne de Garizim, il l'opposa à celuy de Jerusalem : & les Juifs persisterent toûjours pour la repudiation des étrangeres.

PHILEMON. N'est-ce point de ce Temple prophane, dont la Samaritaine de l'Evangile parloit, lorsqu'elle disoit que ses Peres avoient adoré sur cette montagne ? A quoy nôtre Seigneur répondit qu'ils ne sçavoient ce qu'ils adoroient.

Ariste'e. Apparemment. Vous pouvez penser combien ce Temple augmenta la haine qui étoit déja entre les Juifs & les Samaritains. Cependant la nouvelle Ville de Jerusalem se soûtenoit contre ses ennemis. C'est au decret d'Artaxerxe pour le rétablissement de cette Ville, que commencent les soixante & dix semaines ; c'est à dire les soixante & dix fois sept années, qui en composent quatre cens quatre-vingt-dix, aprés lesquelles le Prophete Daniel avoit prévû & prédit que le Messie viendroit dans le monde.

Philemon. Ces Propheties me charment. On marque aux Juifs qu'ils sortiront de Babylone aprés soixante & dix ans de captivité. Mais cette Prophetie est pour une autre : & on veut qu'une délivrance promise & arrivée aprés soixante &

te & dix ans, assure tous les esprits
d'une délivrance generale promi_
se aprés soixante & dix semaines
d'années.

ARISTE'E. Je voy que l'Histoire
des Juifs vous plaît. Mais il ne faut
pas qu'elle nous fasse negliger
celle des autres peuples.

PHILEMON. J'aime, je vous l'a_
vouë, ces Histoires où je voy des
marques plus sensibles de la pro_
vidence de Dieu. Mais vous sça_
vez l'ordre que nous avons à sui_
vre.

ARISTE'E. Vous vous souvenez
de ce que nous avons dit des Tar_
quins Quand ils eurent esté chas_
sez, les Romains établirent l'é_
tat consulaire. Brutus fut le pre_
mier Consul: il eut pour collegue
Collatinus. Mais comme on fit
reflexion qu'il étoit de la race des
Tarquins, on le chassa comme
eux: & l'on mit en sa place Vale_
rius Publicola. C'est celuy qui fit

abbattre sa maison, crainte qu'elle ne donnât quelque défiance au Peuple.

PHILEMON. Voila un Citoyen d'une grande circonspection. Y-en eut-t-il bien de même ?

ARISTE'E. Il est étonnant combien ils eurent tous de zele pour l'honneur de leur Patrie. Brutus n'épargna pas son propre fils, qui avoit eu dessein de rappeller les Tarquins. Il le traîna dans la place publique, où aprés l'avoir frappé de verges il le mit à mort.

PHILEMON. Mais n'y eut-il point quelques Princes qui voulussent vanger les Tarquins ? Car il me semble que c'est icy l'affaire commune de tous les Souverains.

ARISTE'E. Porsenna Roy des Clusiens, voisins de Rome, se declara beaucoup pour eux; & serroit les Romains de fort prés, lorsqu'un Horacius-Cocles, un Scevola, & même une Clelie, luy

donnerent de la frayeur par leur
courage invincible.

Philemon. Que firent donc ces
deux hommes & cette femme ?

Ariste'e. Horacius-Cocles sou-
tint luy seul l'effort des ennemis,
pendant que les Romains cou-
poient le Pont sublice par où l'ennemy vouloit entrer dans la Ville ;
& puis il se jetta dans le Tibre
pour retourner aux siens. Scevola
s'en alla dans le Camp de Porsenna. Il avoit dessein de le tuër.
Et ayant esté pris aprés l'avoir
manqué, il se vangea sur sa propre main en la brulant à la face de
son ennemy. Clelie donnée en
ôtage se sauva, & passa le Tibre
à la nage.

Philemon. Voila des actions
heroïques & capables de rendre
les Romains la terreur de leurs ennemis.

Ariste'e. Il est vray. Mais ils
trouvoient des ennemis redouta-

bles en eux-mêmes. Le Peuple jaloux de l'autorité du Senat : quoy
que le Consul Valerius Publicola
eust fait une Loy qui permettoit
d'appeller du Senat au Peuple
dans toutes les causes où il s'agissoit de châtier un Citoyen : se can-
tonna , & ne quitta le Mont-
Aventin , que lorsqu'on luy eut
promis des Tribuns pour le défendre contre les Consuls. On fit
une Loy qui fut appellée la Loy sacrée , pour établir cette nouvelle
Magistrature.

PHILEMON. On eut besoin dans
cette occasion d'un homme sage
pour ramener ce Peuple mutin.

ARISTE'E. Menenius-Agrippa
en fut chargé. Il leur representa
qu'ils devoient se regarder comme
les membres d'un même corps,
qu'ils en étoient les pieds & les
mains ; & que les Magistrats en
étoient comme l'estomach pour
lequel les autres parties du corps

doivent travailler, si elles veulent qu'il leur prepare dequoy se fortifier & s'augmenter.

PHILEMON. Quelque remede qu'on apporte aux factions populaires, elles attirent toûjours beaucoup de maux.

ARISTE'E. Celle cy pensa causer la perte de Rome. Coriolan zelé pour le Senat, & Capitaine de grand service avoit esté chassé. Il voulut s'en vanger. Les Volsques luy donnoient main forte : & il auroit immancablement tout renversé, si sa mere qui se presenta devant luy, n'eût appaisé sa fureur.

PHILEMON. Enfin, vît-on par le moyen des Tribuns une bonne forme de gouvernement?

ARISTE'E. Quelque mouvement que les Romains se donnassent, ils ne pouvoient trouver parmy eux ce qui peut assurer le repos d'une Republique. Ils furent obli-

H iij

gez d'aller chercher à Athenes ce qui leur manquoit. On apporta de là des Inftitutions, fur lefquelles dix hommes choifis qu'on appella *Decemvirs*, redigerent les Loix des douze Tables, qui font le fondement du droit Romain.

PHILEMON. Les Decemvirs eurent en cela une commiffion, dont il n'avoient qu'à fe bien acquitter pour devenir fort puiffans.

ARISTE'E. Ils fçûrent fi bien par là s'attirer l'approbation du Peuple, qu'ils ne trouverent aucune difficulté à empieter la fouveraine autorité.

PHILEMON. Mais ces nouveaux Magiftrats ne produifirent-ils point encore de nouveaux troubles?

ARISTE'E. Ils renouvellerent ce qui s'étoit paffé du tems des Tarquins. L'un d'entr'eux voulut violer Virginie : & cette action femblable à celle du fils de Tarquin, fit chasser les Decemvirs, comme on avoit chassé autrefois les premiers Tyrans de Rome.

PHILEMON. Mais Sextus viola Lucrece : & ce Decemvir voulut seulement violer Virginie.

ARISTE'E. Ce fut principalement la mort de cette femme & de cette fille qui souleva les esprits. Lucrece se tua : & Virginie fut tuée de la main de son propre pere, qui aima mieux se soüiller du sang de sa fille que de la laisser exposée à la brutalité de l'infame Clodius.

PHILEMON. L'action du pere de Virginie me semble plus supportable que celle de Lucrece. Mais quand il n'y eut plus de Decemvirs, comment Rome fut-elle gouvernée ?

ARISTE'E. L'Etat Consulaire reprit sa premiere vigueur : & ce fut alors qu'elle devint maîtresse de ses voisins. La Ville de Veies qui ne luy avoit point voulu ceder, & qu'un siege de dix ans n'avoit pû abbattre, fut contrainte de se rendre à Camille. Les Falisques se soumirent aussi. Camille sçût gagner leurs cœurs en leur renvoyant leurs enfans qu'un miserable maître d'école luy avoit mis entre les mains.

PHILEMON. Et qu'esperoit ce maître d'école ?

ARISTE'E. Il esperoit se faire un merite auprés de Camille, comme si ce Capitaine eut esté d'humeur à se servir d'un moyen aussi honteux que celuy de retenir des enfans livrez par un traître pour obliger un Peuple à se rendre.

PHILEMON. Le maître meritoit bien que les écoliers le châtiassent à leur tour.

ARISTE'E. Camille l'ordonna ainsi. Le maître fut reconduit par les enfans qui l'alloient frappant à coups de verge.

PHILEMON. Les Falifques eurent raifon de fe foumettre. Il n'y avoit rien que de bon à efperer d'un Peuple qui ne pouvoit fouffrir qu'on abufaft de l'obeïffance d'un âge innocent. Il ne falloit que connoître les Romains pour vouloir vivre fous leurs Loix.

ARISTE'E. Cependant les Fidenates n'en vouloient point. Au défaut de la force ils employerent la rufe pour éviter la domination Romaine. Ils crurent qu'en fe couvrant de membranes de diverfes couleurs, & en agitant des brandons ils épouvanteroient les Romains, & leur donneroient la chaffe.

PHILEMON. Je croy que cet artifice leur fervit de peu; & qu'enfin Rome fut bien-toft aprés la maîtreffe de l'Italie.

ARISTE'E. Tous fes voifins étoient vaincus, lorfque les Gaulois Senonois entrerent dans l'Ita-

lie. Ils assiegerent Clusium. Les
Romains se presenterent, & per-
dirent la bataille d'Allia, qui ouvrit les avenuës de Rome aux ennemis, ils y entrerent, & trouverent les Magistrats avec leurs marques d'honneur chacun sur sa chai-
se d'yvoire.

PHILEMON. A quoy tèndoit
cette posture venerable ? Pen-
soient-ils que les Gaulois les pren-
droient pour des Dieux ?

ARISTE'E. Je ne sçay pas quel
étoit leur dessein. Mais si les Gaulois furent saisis d'abord de quelque crainte, ils en revinrent bien-
tost : ils tuërent ces Dieux assis,
& brûlerent la Ville.

PHILEMON. Quoy! il ne se trouva personne qui leur resistât ?

ARISTE'E. Personne. Toute
la jeunesse de Rome s'étoit reti-
rée dans le Capitole, où elle fut
défenduë autant par l'adresse que
par le courage de Manlius.

PHILEMON. Mais cette jeuneſſe ne put pas toûjours demeurer dans le Capitole ?

ARISTE'E. Les Gaulois aprés ſept mois de ſiege, ſe retirerent chargez de butin. Mais Rome ne fut pas à la fin de ſes maux. Il fallut qu'elle achetât la paix de ſes ennemis. Qu'auriez-vous dit ſi vous aviez vû un Gaulois le faux poids à la main pour peſer l'argent de cette paix, & ne répondre au Romain qui ſe plaignoit de cette injuſtice, qu'en mettant ſon épée ſur les poids, & par ces deux mots, malheur aux vaincus !

PHILEMON. De bonne foy cela me ſouleve.

ARISTE'E. Auſſi cette action r'anima les Romains. Camille qui étoit revenu d'un exil parut là, & oubliant l'injure qu'on luy avoit faite tourna tout ſon reſſentiment contre les Gaulois, il s'acharna ſur eux, & les tailla en pieces. On vît alors un Manlius arracher le collier d'un des principaux d'en-tre les barbares, d'où il tira le nom de *Torquatus*. Et un Lucius-Va-lerius, secouru par une corneille qui vint s'attacher à son casque pendant qu'il se battoit contre un Gaulois: ce qui luy acquit le nom de *Corvinus*.

PHILEMON. Je trouve le nom de Torquatus acquis plus noble-ment que celuy de Corvinus. N'est-ce pas ce Manlius qui sans avoir égard à la victoire que son fils avoit remportée, le fit mettre à mort, parce qu'il avoit don-né la bataille contre l'ordre qu'il avoit reçû?

ARISTE'E. Ce fut luy-même. Mais cela arriva dans la guerre contre les Latins: & ce fut par cette rigoureuse discipline, que les Romains eurent dans la suite tant de succés. Revenons maintenant aux Grecs. Ils étoient effroyablement divisez entr'eux. Les Atheniens & les Lacedemoniens avoient des Capitaines qui se signalerent dans les guerres du Peloponese. Pericles, Sophocles, Theramene, Thrasibule & Alcibiade, combattoient pour Athenes. Lysandre, Brasydas & Myndare, pour Lacedemone.

Trente-sixiéme siécle.

PHILEMON. Je croy que ces divisions ne déplaisoient pas aux Perses, & qu'ils esperoient bien en profiter.

ARISTE'E. Dans cette veuë ils les entretenoient autant qu'il leur étoit possible. Mais Darius le bâtard successeur d'Artaxerxe, en fut la dupe. Il donna du secours aux Lacedemoniens, & en leur procurant la victoire sur les Atheniens, aprés une guerre de dix-sept ans il les rendit si puissans, que la Perse elle-même sentit leur puissance.

PHILEMON. Comment chasserent-ils Carius de son Empire?

ARISTE'E. Non : mais ils soû-tinrent son jeune fils Cyrus dans sa revolte, contre son aîné Artaxerxe Mnermon.

PHILEMON. Et d'où venoit cette querelle entre ces deux freres ?

ARISTE'E. De la cause ordinai-re. Le cadet vouloit avoir l'Em-pire. L'aîné le vouloit garder. Artaxerxe pour s'en assurer la pos-session, fit enfermer Cyrus. Mais celuy-cy étoit adroit ; il sçût sor-tir de la prison, & gagner les gou-verneurs ou les satrapes. Plein du desir de se vanger, il marcha con-tre son frere avec une puissante Armée , où il y avoit dix mille Grecs ; il le blesse de sa main ; mais pour s'estre attribué trop tost la victoire, il perdit luy-même la vie.

PHILEMON. Le secours des Grecs ne luy servit donc de rien.

ARISTE'E. Non : mais les Perses en souffroient ; & Agesilas Roy de

Sparte, fit trembler ceux de l'Asie mineure. Que n'eût-il pas fait, si les divisions de la Grece ne l'eussent pas obligé d'y revenir ?

PHILEMON. La Grece ainsi divisée, court grand risque de se détruire elle-même.

ARISTE'E. Vous avez vû les Lacedemoniens vainqueurs des Atheniens ; les Thebains paroissent à leur tour sur le theatre : & sous la conduite d'Epaminondas, ils abbatront toute la puissance des Lacedemoniens.

PHILEMON. Mais quand Athenes fut vaincuë, & en suite Lacedemone, que devinrent tous ces grands hommes qui en étoient les Capitaines ?

ARISTE'E. Il y en eut quelques-uns dont la fin fut tragique. Lorsque Lysandre se fut rendu maître d'Athenes, il y établit trente Gouverneurs, dont le gouvernement ne fut que violences continuelles.

Ils firent boire la ciguë à Thora-
mene, & mettre le feu dans une
maison où Alcibiade s'étoit retiré,
afin de l'y brûler tout vif. Il s'en
sauva neanmoins, & se fit un passage l'épée à la main, au travers
de la multitude qui vouloit l'arrêter. Mais si personne n'osa l'attaquer de prés, il ne pût éviter
un coup de fléche qui luy fut tiré
de loin, & dont il mourut.

PHILEMON. Je suis bien-aise
que les Lacedemoniens si fiers &
si cruels dans la victoire, soient
abbatus par les Thebains. Mais
ceux-cy ne tomberont-ils point
aussi sous la domination de quelque autre peuple?

ARISTE'E. Le tems étoit venu
auquel il falloit que la Grece chan-
geast de face. Elle unira toutes les
forces qui luy restent. Ochus successeur d'Artaxerxe Mnemon, luy
donnera du secours. Le fameux
Orateur Demosthene multipliera

les harangues pour la porter à défendre sa liberté : & cependant
Philippe fils d'Amyntas & Roy de
Macedoine, remportera sur elle
des victoires pendant vingt années ; & aprés avoir gagné la bataille de Cheronée , luy donnera
la loy.

PHILEMON. Alexandre son fils
ne montra-t-il point dés-lors ce
qu'il sçavoit faire ?

ARISTE'E. Il n'avoit que dix-huit
ans, neanmoins il fut capable d'en-
foncer les troupes Thebaines de
la discipline d'Epaminondas , &
de battre cette fameuse troupe
qu'on appelloit sacrée & des amis,
& qui se croyoit invincible.

PHILEMON. Alexandre nous doit
fournir assez de matiere pour un
autre Entretien.

ARISTE'E. Ce sera donc demain
que nous nous en entretiendrons.

VII. ENTRETIEN.

Depuis Alexandre le Grand jusqu'à la défaite d'Antiochus le Grand, Roy de Syrie.

Alexandre défait Darius. Son genie. Son portrait, & celuy de Cyrus. Il traite bien les Juifs. Ses actions dans les Indes. Il meurt miserablement. Aridée luy succede. Cruautez d'Olympias. Cruautez de Cassandre. Le partage des grandes Provinces de l'Asie. Les Juifs heureux, & leur Temple celebre. Les Romains continuent de vaincre. Pyrrhus vient faire la guerre en Italie, Il perit dans la poursuite du Royaume de Macedoine. Rome declare la guerre à Carthage. Les Romains sont vainqueurs, & puis vaincus. Les Carthaginois envoyent Amilcar en Espagne. Les Romains se défont des Gaulois. Annibal leve la teste contre les Romains. Scipion reduit Carthage. Annibal en Asie donne des affaires aux Romains. La Macedoine leur est soûmise. La Grece remplie de Philosophes.

ARISTE'E. NOus allons voir dans cet Entre-tien ce que les passions peuvent produire , & les excés de ceux

qui font agitez de l'amour d'eux-
mêmes , & de l'efprit du monde.

PHILEMON. Etrange efprit,
Ariftée. Il prefente je ne fçay quel
faux éclat aux yeux des hommes;
mais tout ce qui fort d'un fi mauvais principe eft abominable devant Dieu.

ARISTE'E. Philippe étoit maître
de la Grece, il armoit contre les
Perfes qui l'avoient traverfé dans
fes deffeins. Il vouloit une bonne
fois vanger les Grecs , fi fouvent
attaquez par cette Nation toûjours jaloufe de leur gloire & at-
tentive aux moyens de les affervir;
lorfqu'au milieu des réjoüiffances d'un mariage , un affaffin luy
vint arracher la vie.

PHILEMON. Voila des honneurs
acquis par tant de travaux, bien-
toft paffez. Voila bien des projets
renverfez dans un inftant. Cette
mort prepare bien de l'ouvrage à

Alexandre. Dites-nous par où il commença.

L'an du monde 3670.

ARISTE'E. Il étoit jeune, mais il étoit entreprenant & hardy. Il châtia d'abord les Grecs qui mé-prisoient sa jeunesse : il vangea la mort de Philippe ; & en suite il marcha contre Darius Codoman-nus.

Trente-septiéme siecle.

Avant Jesus-Christ 335.

PHILEMON. J'ay souvent oüy parler de la défaite de ce Darius, mais je n'en sçay pas trop bien les circonstances.

ARISTE'E. Il fut défait en trois batailles. Celle d'Arbelles mit Alexandre en possession de toutes les richesses de la Perse, & le ren-dit maître de toute la famille de Darius, qui fut tué par un de ses domestiques, lors qu'il s'enfuyoit aprés avoir esté vaincu.

PHILEMON. Vous m'avoüerez que la maniere dont Alexandre traita la mere, la femme & les filles de Darius ; que les larmes qu'il versa lors qu'il sçût la mort de ce malheureux Prince, étoient les marques d'une ame tendre, & d'un grand cœur.

Ariste'e. Je croy, Philemon, que vous en sçavez plus que moy.

Philemon. Vous vous trompez, J'ay dit tout ce que je sçay.

Ariste'e. Croyez-moy, ces marques sont fort équivoques. Auriez-vous crû Alexandre fort humain, si vous aviez vû un Philosophe enfermé par ses ordres dans une cage avec un chien, & un Seigneur de merite exposé à la fureur d'un lion, pour avoir voulu par du poison avancer la mort de ce malheureux Philosophe ? L'auriez-vous pris pour un esprit bien moderé, si vous l'aviez vû tuer Clitus son favory & le fils de sa nourrice, parce qu'il relevoit la valeur de Philippe de Macedoine? Pensez-vous qu'il eût fait couper les crins des chevaux, abbatre des murailles , & passer une Nation entiere au fil de l'épée, pour ho‑norer les funerailles d'un autre favory appellé Hepheſtion, qu'il eût ordonné une pompe funebre pour ſon Bucephale , & fait bâtir une Ville en l'honneur de ce che‑val : qu'il eût voulu eſtre adoré comme un Dieu ? Penſez ‑vous, dis‑je, qu'il eût eſté capable de tout cela s'il n'avoit pas eû l'eſ‑prit gâté ?

PHILEMON. Je vous avouë qu'il n'en faut pas tant pour faire juger que tout ce qui paroît d'he‑roïque dans un homme , n'eſt qu'un jeu de l'amour propre, & un artifice de la vaine gloire.

ARISTE'E. Avoüons neanmoins qu'il avoit dans le ſouverain degré tout ce qu'il faut pour faire des conqueſtes.

PHILEMON. Vous trouvez donc qu'à cela prés , il ne reſſembloit gueres à Cyrus.

ARISTÉE. Dieu les employa tous deux pour changer la face de l'Univers : mais Cyrus avoit une égalité d'esprit qui ne se démentoit point. La raison étoit toûjours en luy la superieure. Toûjours au dessus de ses conquestes, il mettoit sa gloire à rendre ses sujets heureux. La justice aussi-bien que la victoire, marchoit toûjours devant luy. Il connoissoit ses forces. Il aimoit mieux estre vainqueur de soy-même, que des Nations du monde. Il agissoit par dépendance du Dieu des armées, & ne s'attribuoit rien à luy-même.

Alexandre au contraire n'étoit jamais dans une même situation d'esprit. Il étoit sans cesse emporté par la violence de son temperament. Agité de l'amour des conquestes, il pleuroit de ce qu'il n'avoit pas plusieurs mondes à soûmettre. Il cherchoit par tout des ennemis à vaincre, & ne sçavoit pas refiſter à la moindre de ſes paſſions. Grand contre les étrangers, petit contre luy-même, remply de l'idée de ſa propre perſonne, s'attribuant la divinité & la ſouveraine puiſſance.

PHILEMON. Il me ſemble avoir oüy dire, qu'il traita les Juifs avec aſſez de douceur.

ARISTE'E. Ils l'avoient fort irrité, en luy refuſant le ſecours dont il eut beſoin au ſiege de Tyr : & aprés avoir pris cette Ville, il s'avança vers Jeruſalem pour les châtier. Mais la preſence du Pontife Jaddus & des Sacrificateurs qui vinrent au devant de luy revêtus de leurs habits de ceremonie, & precedez du peuple habillé de blanc, le ſurprit & l'arrêta.

PHILEMON. C'étoit un ſpectacle aſſez nouveau ; mais il falloit quelque choſe de plus pour adoucir le Conquerant.

ARISTE'E. Jaddus luy fit ſa Cour,

en

en luy montrant les Propheties de
Daniel, où il vit toutes ses victoires marquées. Il s'y reconnut : &
l'Empire du monde que le Prophete luy promettoit, le rendit tout
favorable à la Nation, qui gardoit
ces propheties.

PHILEMON. Ne m'avez-vous
pas dit qu'il y avoit quelque alliance entre le Pontife Jaddus &
Sanabalat, le Satrape des Samaritains ?

ARISTE'E. Sanabalat étoit le
beau-pere de Manassez, frere de
Jaddus.

PHILEMON. Et ce Manassez comment s'accommoda-t-il d'Alexandre ?

ARISTE'E Sanabalat & luy abandonnerent d'abord les Perses vaincus, & se jetterent dans le party du victorieux, auquel ils ne
refuserent point le secours qu'ils
étoient en état de luy donner.

PHILEMON. Ainsi les Juifs furent

Tome I.   I

plus fideles aux Perses que les Samaritains.

ARISTE'E. C'est le caractere du Peuple de Dieu de garder une fidelité inviolable à son Prince. Les Juifs sont fideles aux Perses jusqu'à ce qu'ils ne puissent plus resister à Alexandre : & ensuite ils ne sont pas moins attachez au service de ce nouveau Prince. Les impies, au contraire, ne different pas à se mettre dans le party du plus fort.

PHILEMON. Voila donc Alexandre maître des Etats de Darius.

ARISTE'E. C'est alors qu'il commence à conter ses Adorateurs. Une Thalestris Reine des Amazones, charmée de sa valeur & de son courage, le vient trouver accompagnée de trois cens femmes pour avoir de sa race : & luy tout plein de ses victoires s'avance dans les Indes. C'est-là qu'avec ses Argyraspides. (c'étoit ainsi qu'il appelloit ses soldats à cause de leurs boucliers d'argent) il fit plier tant de Royaumes, & qu'il en redonna deux : L'un à Porus pour contenter sa vanité : l'autre à la Reine Cleophis pour contenter la passion qu'il avoit pour les femmes. C'est-là qu'il se battit si bien dans la Ville des Oxidraques, seul contre toute la Ville : & c'est d'où il ne revint qu'aprés avoir vû l'Ocean.

PHILEMON. Il étoit tems qu'il se reposast aprés de si grandes expeditions.

ARISTÉE. Il ne fut pas plûtost de retour à Babylone, qu'il s'abandonna entierement à toutes ses passions. Il y passoit les jours & les nuits dans l'yvrognerie. Ce n'étoit pas à vaincre des nations, & à renverser des Villes qu'il mettoit sa gloire. C'étoit uniquement à boire beaucoup de vin. C'étoit un luxe & une molesse qui passoit

celle qui avoit causé le renversement de la Perse.

P H I L E M O N. C'étoit s'oublier
étrangement, de s'abandonner à
des vices dont tout le monde venoit de voir les tristes effets.

A R I S T E'E. Il les sentit à son
tour, ces effets. D'un festin il passe
à un autre dans un même jour, &
dans ce second festin, Antipatre
se sert du ministere de son fils Cassandre, échanson de l'Empereur
pour empoisonner son maître. Le
malheureux Prince avala le poison & souffre des douleurs effroyables, il meurt en desesperé à l'âge
de trente-trois ans : & on fait
courir le bruit que ses yvrogneries
luy ont donné la mort.

P H I L E M O N. Voila une grande
place à remplir. Aprés Alexandre,
qui sera jugé digne de l'occuper ?

A R I S T E'E. Il y aura là-dessus des
contestations infinies. Roxane,

femme d'Alexandre, étoit groſſe. Quelques-uns vouloient qu'on at_tendît l'enfant qu'elle mettroit au monde, pour le mettre ſur le Trô_ne: d'autres demandoient Hercule fils de Barſine, autre femme d'A_lexandre. Mais ces deux femmes, l'une fille d'Oxiatres, & l'autre de Darius, ou ſelon quelques-uns d'Artabaſe avoient eſté eſclaves. Cela donna l'excluſion à leurs en_fans. Perdicca eut quelques voix, dautant qu'Alexandre l'avoit ſem_blé deſigner, lorſqu'en mourant il luy donna ſon anneau. Mais ſon élevation auroit fait trop de ja_louſie. On élût enfin Aridée, fre_re d'Alexandre.

PHILEMON. L'Empire ſe trou_va-t-il en bonne main? Il me ſemble que le nom de cet Aridée n'a pas fait grand bruit.

ARISTE'E. S'il eſt connu, ce n'eſt que par ſes malheurs. Olym_pias mere d'Alexandre, ne pût le souffrir sur le Trône. Elle luy avoit donné autre fois un breuvage qui luy avoit affoibly l'esprit. Quand il fut Roy, elle gagna les Macedoniens ; elle le fit percer à coups de fléches, & envoya à Eurydice sa femme un poignard, une corde & de la ciguë, afin qu'elle choisit un genre de mort.

PHILEMON. Ne se trouva-t-il personne qui resistât à Olympias, & qui voulust vanger la mort d'Aridée & d'Euridice ?

Trente-septiéme siécle.

ARISTE´E. Cassandre la fit perir : & pour demeurer en possession du Royaume de Macedoine acquis par son mariage avec Thessalonique fille d'Aridée, il fit perir aussi Roxane & Barsine avec leurs deux enfans.

PHILEMON. C'étoit le moyen d'éteindre la race d'Alexandre. Mais ce carnage luy assura-t-il le Royaume de Macedoine ?

ARISTE´E. Il n'y eut que trou-

bles durant sa vie : & aprés sa mort
ses enfans s'en chasserent les uns
les autres.

PHILEMON. Et cependant que
devenoient ces grandes Provinces de l'Orient qu'Alexandre
avoit conquises?

ARISTE'E. Les Capitaines de
l'armée d'Alexandre les avoient
partagées entr'eux. Cependant
plusieurs de ces mêmes Provinces
s'affranchirent;entr'autres l'Armenie, qui devint un grand Royaume. Celuy de Cappadoce fut alors
fondé par Mithridate. Et ceux de
Pont, de Bythinie, & de Pergame
se formerent aussi.

PHILEMON. Que resta-t-il donc
aux Macedoniens de tout ce grand
païs?

ARISTE'E. L'Egypte , & la
Syrie qui furent les plus puissantes
Monarchies de l'Orient leur reste-
rent. Ptolomée fils de Lagus fonda celle d'Egypte : d'où viennent

les Lagides. Et Seleucus-Nicanor fonda celle de Syrie : d'où viennent les Seleucides.

PHILEMON. Ce Ptolomée, dont vous parlez, ne fit-il pas tourner en Grec les Ecritures Saintes ?

Trente-huitième siècle.

ARISTE'E. Non, ce ne fut pas luy. Ce fut Ptolomée-Philadelphe son fils, à qui le Pontife Eleazar envoya soixante & dix veillards pour faire cette version.

PHILEMON. Mais d'où venoit cette grande consideration que ce Prince avoit pour les Ecritures des Juifs ?

ARISTE'E. Depuis que Ptolomée fils de Lagus, aprés avoir pris Jerusalem, eût connu la fidelité des Juifs, il les fit Citoyens d'Alexandrie, & les établit dans toute l'Egypte. Seleucus leur donna de même toutes sortes de Privileges dans Antioche : & de-là sous la protection d'Antiochus le Dieu son petit fils, s'étant répandus dans l'Asie Mineure & ensuite dans la Grece, où ils jouïssoient par tout des mêmes droits que les Citoyens; par la droiture & l'exactitude de leur conduite ils firent respecter leur Loy: & l'on vît les Peuples & les Rois apporter des presens dans le Temple de Jerusalem.

PHILEMON. Voila les Juifs dans une grande prosperité. Leur Religion est plus florissante que jamais. Il falloit que toutes les Nations luy rendissent une fois hommage, & reconnussent la grandeur & la puissance du Dieu d'Israël. Mais pendant ces tems heureux pour la Republique des Juifs, n'y eut-il point quelque revolution dans ces grandes & nouvelles Monarchies de Syrie & d'Egypte?

ARISTE'E. Theodose, Gouverneur de la Bactrienne, n'enleva rien moins que mille Villes à Antiochus le Dieu Roy de Syrie.

Presque tout l'Orient se revolta.
Et les Parthes sous la conduite
d'Arsace fonderent leur Empire
qui s'étendit peu à peu dans toute la haute Asie. C'est cet Arsace
qui est le chef de la famille des
Arsacides.

PHILEMON. Ainsi voila trois familles puissantes en Orient : Les
Lagides, les Seleucides, les Arsacides. Ce preneur de Villes pouvoit bien encore y établir une
puissante maison. Mais comme
mon esprit est fixé-là, je croy que
nous ferons bien de repasser en
Occident.

ARISTE'E. Rome étoit entre de
terribles ennemis ; les Samnites &
les Gaulois. Ceux-cy luy donnoient de continuelles allarmes.
Mais enfin, indignée de ce qu'a-
prés une victoire ils avoient tué
ses Ambassadeurs, elle s'anima
tellement contre eux qu'elle les
reduisit à demander la paix. Ce

fut dans ce tems qu'un nouvel essain de cette Nation se transporta dans l'Asie Mineure, & s'établit dans ce païs qu'on appella la Galacie ou Gallogrece.

PHILEMON. Ces Gaulois étoient bien remuans & bien vagabonds.

ARISTE'E. Ils n'en étoient pas plus heureux. Il y en eut qui se jetterent dans la Macedoine, où aprés quelques victoires ils furent accablez de la gresle lorsqu'ils voulurent piller le Temple de Delphes.

PHILEMON. Que firent les Samnites aprés la défaite des Gaulois leurs alliez ?

ARISTE'E. Ils furent bien battus par les Romains. Les Tarentins ne furent pas mieux traitez : de sorte que ceux-cy ne trouvant plus de ressource dans l'Italie, ils appellerent Pyrrhus à leur secours.

PHILEMON. Il me semble avoir beaucoup oüy parler de ce Pyr

rhus, dites-moy ce que c'étoit ?

ARISTE'E. Il étoit Roy d'Epire : & les Siciliens l'avoient aussi reconnu pour leur Roy, depuis qu'il les avoit secourus contre les Cartaginois. Pendant les broüilleries de la Macedoine, il se vint jetter parmy les enfans de Cassandre, & occuper une partie de ce Royaume. Demetrius-Poliorcete fils d'Antigonus, un des Capitaines de l'armée d'Alexandre l'en chassa : & y étant rentré il en fut chassé de nouveau par Lysimaque, qui le fut à son tour par Seleucus.

PHILEMON. Tous ces Rois n'étoient que des Rois de Theatre. Il faut que la passion de regner soit quelque chose de bien violent.

ARISTE'E. Les Usurpateurs y sacrifient tout, & ce qui se peut imaginer de plus noir & de plus impie, n'est qu'un jeu pour eux quand il s'agit d'une Couronne. Pyrrhus chaffé de la Macedoine crut que l'Italie le dédommageroit. Il y paffa avec fes Elephans, qui d'abord donnerent de la terreur aux Romains. Mais le Conful Fabrice les raffura bien-toft par la défaite de leur ennemy, que le Conful Curius obligea de repaffer en Epire.

PHILEMON. Pyrrhus s'étoit bien méconté.

ARISTE'E. Etrangement, Philemon. Car en donnant à fon fils Helenus forty de la fille d'Agathocle le Royaume de Silicie; il deftina pour fon fecond fils Alexandre le Royaume d'Italie.

PHILEMON. Il faut qu'un homme ait l'imagination bien vive pour tenir déja pour vaincuë une Nation puiffante, & dont il n'a point éprouvé les forces. Mais quand Pyrrhus fut ainfi chaffé de par tout, pût-il bien demeurer en repos?

ARISTE'E. Il donna tout de nouveau sur la Macedoine, & en chassa Antigonus-Gonatas qui y regnoit depuis que les Gaulois en eurent esté chassez. Antigonus neanmoins se ranimant fait teste à son ennemy dans Argos, où Pyrrhus fut écrasé d'un coup de pierre par la mere d'un jeune homme qu'il poursuivoit pour se vanger d'une blessure qu'il en avoit reçûë.

PHILEMON. La fin des hommes trop hardis & trop entreprenans est ordinairement tragique. Ce Pyrrhus étoit bien temeraire.

ARISTE'E. Il avoit aussi de bonnes qualitez. On le connut lorsqu'il dit à Fabrice que puisqu'on faisoit la guerre avec le fer & non pas avec l'argent, il vouloit rendre les prisonniers sans rançon.

PHILEMON. Le Consul ne devoit pas luy ceder en generosité.

ARISTE'E. Il ne luy ceda pas
aussi. Il luy renvoya son Medecin qui étoit venu luy offrir d'empoisonner son maître.

PHILEMON. Voila les Samnites & les Tarentins biens abbaissez.

ARISTE'E. Ajoûtez les Brutiens
& les Etruriens, qui malgré le secours des Cartaginois qui vinrent
aprés Pyrrhus furent encore vaincus.

PHILEMON. Je croy que toutes
ces victoires soumirent entierement l'Italie aux Romains.

ARISTE'E. Sans doute. Mais ils
employerent quatre cens quatre-
vingts ans à en venir à bout.

PHILEMON. De quel côté Rome
tourna-t-elle ses armes ? Car
je croy qu'elle n'en demeura
pas-là.

Le commencement des guerres Puniques

l'an du monde 1740.

Trente-huitiéme siécle.

ARISTE'E. Les Cartaginois, maîtres du commerce & de la mer, luy donnoient de la jalousie. Elle leur declara la guerre.

PHILEMON. Les Romains osoient-ils attaquer des gens de mer, eux qui apparemment n'entendoient pas la marine ? Car nous n'avons point encore vû qu'ils se soient exercez dans cet art.

ARISTE'E. Ils y furent maîtres dés qu'ils en essayerent. Le Consul Duilius sortit vainqueur du combat naval. Regulus qui trouve un chemin ouvert s'avance en Afrique. Il défait le prodigieux serpent qui la ravageoit. Mais il fait trembler Cartage, qui ne luy échape que par le secours de Xantippe Lacedemonien.

PHILEMON. Avec de si heureux commencemens on peut tout esperer.

ARISTE'E. Rien n'est plus inconstant que la victoire. Peu de tems aprés Regulus fut pris & son armée taillée en pieces. Dans ce malheur il parut plus grand que dans ses victoires. Car ayant esté renvoyé sur sa parole pour ménager l'échange des prisonniers , il ne fit que soûtenir dans le Senat la Loy qui ôtoit toute esperance à ceux qui se laissoient prendre , & en retournant à une mort assurée, il montra du moins qu'un bon Citoyen doit mourir volontiers plûtost que de manquer aux Loix & à sa parole.

Philemon. L'état des Romains commence à m'inquieter un peu. Etoient-ils encore les maîtres de la mer ?

Aristé'e. Leur flotte battuë de deux tempestes ne peut pas tenir davantage. Les Cartaginois sont les plus puissans & sur mer & sur terre. Mais les Romains sçavoient tirer des forces de leurs malheurs. Leur flotte paroît tout de nouveau en bon état ; ils battent leurs ennemis, & obligent Cartage à leur payer tribut. Ce fut alors qu'ils devinrent les maîtres des Isles qui sont entre la Sicile & l'Italie, & de la Sicile même, à la reserve de ce qu'y tenoit Hyeron leur allié, que les Siciliens aprés la mort de Pyrrhus avoient opposé aux Cartaginois.

PHILEMON. Ces deux Peuples sont abbaissez & se relevent alternativement.

ARISTE'E. Les Cartaginois sont à ce coup abbaissez de toutes parts. Les troupes étrangeres qui servoient dans leur armée se revolterent. Plusieurs Villes de leur Empire fatiguées de leur cruelle domination suivirent cet éxemple. Cartage alloit perir sans Amilcar fils de Barcas, qui l'avoit déja sauvée de la derniere guerre.

PHILEMON. Les Romains ne

songeoient-ils point à tirer quelque avantage de toutes ces re-
voltes ?

ARISTE'E. La garnison de Sardai-
gne les appella, & leur livra cette
isle.

PHILEMON. Et les Cartaginois
ne s'y opposerent-ils point ?

ARISTE'E. Ils avoient bien d'autres choses à faire. Ils songeoient
principalement à remettre l'Espagne sous leur domination : & afin
que les Romains ne les en détour-
nassent pas, ils augmenterent le
tribut que Cartage leur payoit.

PHILEMON. Voila les Cartaginois bien embarrassez. Comment
feront-ils pour l'Espagne ?

ARISTE'E. Ils y envoyerent
Amilcar. Annibal son fils qui n'a-
voit que neuf ans l'accompagna,
& sous la discipline d'un pere si
habile & si plein de courage, il
apprit tout ce qui fait un grand
Capitaine.

PHILEMON. Et en quel état Amilcar mît-il les affaires d'Espagne ?

ARISTE'E. Il y fit la guerre heureusement pendant neuf ans, & eut pour successeur Asdrubal son allié. C'est cet Asdrubal qui bâtit la nouvelle Cartage, pour tenir l'Espagne en sujetion.

PHILEMON. Je m'imagine qu'il se prepare là quelque tempeste qui doit tomber sur les Romains.

ARISTE'E. Annibal leur en vouloit : Mais il n'étoit pas encore le maître. Ils étoient fort jaloux de la gloire d'Asdrubal : Mais ils n'étoient pas en état de l'attaquer.

PHILEMON. Hé qui les en empéchoit ?

ARISTE'E. Teuta Reine d'Illirie, incommode à tous ses voisins par ses pyrateries, & fiere jusqu'à tuer les Ambassadeurs que la Republique Romaine luy avoit en-

voyez, les occupoit. Ils voulurent
l'accabler , & montrer leur puiſſance à la Grece par une ſolem-
nelle ambaſſade. Mais ce qui
s'oppoſoit davantage à leurs deſſeins , c'eſt que les Gaulois qui
durant quarante-cinq ans de repos
avoient repris des forces, les mena-
çoient.

PHILEMON. Il falloit s'accom-
moder avec les uns pour ſe défaire
des autres.

ARISTE'E. C'eſt le party qu'ils
prirent. Ils firent un Traité avec
Aſdrubal , qui s'engagea à ne point
paſſer au de là de l'Ebre : & s'étant
ainſi aſſurez des Carthaginois,
ils ſe jetterent avec fureur ſur les
Gaulois ; ils battirent les Tranſal-
pins unis aux Ciſalpins ; ils prirent
Concoliranus un de leurs Rois.
Ancroeſtus un autre Roy deſeſ-
peré ſe tua : & ils chaſſerent
toute cette Nation des environs
du Pô.

PHILEMON. Aprés tant de victoi-res les Romains étoient en état de tout entreprendre.

ARISTE'E. Annibal qui avoit succedé à Asdrubal, ne leur don-na pas le loisir de l'attaquer. Il n'a nul égard aux Traitez, il veut domter toute l'Espagne ; & Sa-gonte alliée des Romains, est me-nacée.

PHILEMON. N'est-ce pas cette Ville si fidele aux Romains , que ses habitans aimerent mieux se brûler avec leurs enfans & tout ce qu'ils possedoient , que de tom-ber sous la puissance de leurs en-nemis ?

ARISTE'E. C'est elle-même. Car-thage de son costé refuse le tribut aux Romains , & se souvient de leurs injustices.

Trente-huitiéme siecle. Avant Jesus-Christ 220. &c. PHILEMON. Annibal ne devoit pas differer long-tems à marcher contre les Romains. Les Gaulois n'étoient-ils point d'intelligence avec luy ?

ARISTE'E. Il les avoit tous dans son party : & asfuré de ce fecours il traverfe l'Elbe, il pafle comme un éclair les Pyrenées & les Alpes, & vient fondre fur l'Italie ; où ayant trouvé le renfort qu'il atten-doit, il remporte quatre victoires confecutives.

PHILEMON. Je croy qu'alors les Romains ne trouverent pas beau-coup d'alliez.

ARISTE'E. Tout ce qu'ils en avoient les abandonna. La Sicile, Hyeron Roy de Syracufe, fe dé-clarerent pour le vainqueur. L'I-talie ne connoît plus Rome. Et la mort des deux Scipions en Efpa-gne, y éteint prefque le nom Romain.

PHILEMON. Ce peuple qui s'eft toûjours relevé des extremitez les plus fâcheufes, ne trouvera-t-il point de refource ?

ARISTE'E. Il en trouvera, mais ce ne fera que dans luy-même.

Un Fabius Maximus par sa prudence , qui ne se démentoit jamais malgré les discours populaires : un Marcellus par la vigueur
avec laquelle il faisoit lever les
Sieges, & reprenoit les Villes : &
sur tout un Scipion , dont les conseils & les actions paroissoient au
dessus de l'homme : Ces trois Heros
vangeront leur Patrie , & humilie-
ront les Carthaginois.

PHILEMON. Dites-nous quelque
chose de plus particulier de ce
Scipion dont on a tant parlé.

ARISTE'E. A l'âge de vingt-qua-
tre ans il se signala en Espagne par
la prise de la nouvelle Carthage,
plus grand encore que son pere &
que son oncle qui y avoient fait
tant de grandes actions. Tout se
soûmet à luy. Il passe en Afrique :
& des Rois viennent luy rendre
hommage. Enfin pendant qu'il
gagne l'amour de tous les peuples , il est la terreur de Carthage,
dont

*Neuvié-
me Epo-
que.*

*Carthage
vaincuë
par Sci-
pion à la
fin du
trente-
huitiéme
siecle.*

*Avant
Jesus-
Christ
200. ans.*

dont il défait les Armées.

PHILEMON. Cette Ville ne songea-t-elle point à rappeller An-nibal pour la défendre ? car apparemment il étoit le seul qui pust faire teste à un Capitaine comme Scipion.

ARISTE'E. Elle le rappella. Mais comme s'il eût desappris à rempor-ter des victoires à son retour en Afrique, Carthage fut prise à ses yeux ; & Scipion surnommé l'Afri-quain, triomphe par tout.

PHILEMON. Un homme aussi ac-coûtumé à vaincre qu'Annibal, est bien surpris à la veuë des suc-cés de son ennemy. Assurément ces deux rivaux avoient de gran-des experiences de l'incertitude des choses humaines. Mais Anni-bal en faisoit les frais. Cela ne le jettoit point dans le trouble ?

ARISTE'E. Les Gaulois & les Africains étoient abbatus, mais son courage ne l'étoit pas , & son

Tome I. K

esprit ne l'abandonnoit point dans le besoin. Ne trouvant plus de ressource en Afrique aprés la défaite d'un second Philippe Roy de Macedoine son allié, il se retira dans l'Asie, où il causa encore de grands mouvemens contre les Romains. Antiochus le Grand, Roy de Syrie, poussé par ses discours, leur declara la guerre.

PHILEMON. Je croy que tous ces Rois d'Orient étoient furieusement jaloux de la puissance Romaine ; & qu'Annibal étoit bien venu à leur donner des expediens pour l'abaisser.

ARISTE'E. Antiochus cependant ne suivit les conseils d'Annibal, que pour commencer la guerre. Il les negligea dans la suite. Aussi fut-il reduit par Lucius Scipion, frere de l'Africain.

PHILEMON. Voila donc les deux amis vaincus par les deux freres. Mais que devint Annibal aprés la défaite d'Antiochus ?

ARISTE'E. Comme il sçavoit que les Romains en vouloient à sa vie, & qu'il ne pouvoit plus les éviter, il aima mieux s'empoisonner luy-mesme, que de tomber entre leurs mains.

PHILEMON. Rien n'est plus capable de s'opposer aux Romains. L'Orient & l'Occident est obligé de leur ceder.

ARISTE'E. Gentius Roy d'Illirie, & Persée fils de ce second Philippe Roy de Macedoine, remuoient encore. Mais dans trente jours le premier fut abbatu par le Preteur Anicius : & le second également odieux par son avarice, & méprisable par sa lâcheté, fut contraint de se livrer au Conful Paul Emile.

PHILEMON. C'est une chose assez surprenante, que ce Royaume malgré toutes ses agitations, ait pû se soûtenir si long-tems.

ARISTE´E. Il fut au plus haut point de sa gloire sous Alexandre. Aprés la mort de ce Prince il fut en proye au premier venu sous Antigonus Gonatas, le rival de Pyrrhus, il fut en état de s'accroître sans les oppositions d'Aratus & de Philopœmen, Chefs de la Ligue des Achéens, qui fut le dernier rempart de la liberté de la Grece.

PHILEMON. Enfin la Macedoine qui donnoit des Rois à l'Orient, devint une Province Romaine. Il s'en falloit bien qu'elle produisit alors des Heros comme autrefois.

ARISTE´E. Il est vray que dans la Grece on ne voyoit plus de grands Capitaines ; mais en recompense on y voyoit beaucoup de Philosophes. La secte Italique commencée du tems de Cyrus par Pythagore aux environs de Naples: & la secte Ionique formée

par Thales de Milet, avoient produit de grands hommes.

PHILEMON. Et qui étoient ces
grands hommes ?

ARISTE'E. Un Heraclite qui
pleuroit toûjours. Un Democrite
qui vivoit sans cesse en voyant les
sottises des hommes.

PHILEMON. Voila des Philosophes à peu de frais. S'il ne tient
qu'à rire ou pleurer, je seray bien-
tost Philosophe.

ARISTE'E. Ils n'en demeuroient
pas là. Thales avoit enseigné que
l'eau étoit le principe de toutes
choses : & Heraclite disoit que
c'étoit le feu. Pythagore avoit
pretendu que les ames passoient
d'un corps dans un autre, (ce
qu'on appelle metempsycose.)
Empedocle ne concevoit pas ainsi
l'immortalité : & Epicure aprés
Democrite la nioit tout net.

PHILEMON. L'eau, le feu, principes de toutes choses. Metempsy-

coſe , immortalité. Prouvoient-ils bien tout cela ?

Ariste'e. Oh ! ce n'eſt pas ce qui les embarraſſoit. Il ne faut pas oublier qu'alors parut Hypocrate, grand Medecin , grand Philoſophe.

Philemon. Ah ! laiſſons-là la Medecine. Racontez - moy , je vous prie , ce que les Philoſophes enſeignoient.

Ariste'e. Anaxagore montroit que l'Auteur du monde ne pouvoit eſtre qu'un Eſprit éternel. Socrate montroit à devenir gens de bien. Platon s'élevoit comme un Aigle, il s'humaniſoit quelquefois : Mais il a tant dit de choſes divines , que c'eſt le divin Platon. Cependant rien n'eſt comparable à Ariſtote. C'eſt le genie de la nature.

Philemon. Et ſi Deſcartes étoit venu au monde dans ces tems-là , quel nom penſez-vous qu'on luy euſt donné ?

A R I S T E'E. Deſcartes ſe ſeroit moqué des autres , & ils ſe ſeroient moquez de Deſcartes. Croyez-moy, ayant tant de gens contre luy, il auroit eſté bienheureux d'en eſtre quitte pour eſtre appellé viſionnaire.

PHILEMON. Cependant il y a bien des gens qui diſent qu'il ne l'eſt pas.

A R I S T E'E. Eſtes-vous de ceux-là, Philemon ?

PHILEMON. Ah ! je ne ſuis point Philoſophe.

A R I S T E'E. Vous faites bien ; car c'eſt le plus mauvais métier de nôtre ſiecle. Admirez les anciens, & demeurez en repos.

PHILEMON. Ce dernier mot eſt de bon ſens. Aprés un ſi long entretien, il eſt bien raiſonnable que nous allions nous repoſer.

VIII. ENTRETIEN.

Sur les affaires de la Judée & de la Syrie, depuis la défaite du grand Antiochus, jusqu'au retour de Nicator en Syrie.

Les Romains sont maistres de l'Orient. Antiochus Epiphanes persecute les Juifs. Generosité des Machabées. Pourquoy ils s'appelloient ainsi. Antiochus meurt, & se repent trop tard. Les victoires de Judas Machabée. Jonathas remplit dignement la place de Judas. Cleopatre est toûjours au vainqueur. Philometor arbitre du different des Juifs & des Samaritains. Cruauté de Tryphon. Simon souverain Pontife, est reconnu pour Roy par les Juifs. Nicator prisonnier chez les Parthes. Hyrcan se joint à Sidetes pour délivrer Nicator. Toute l'Armée respecte Hyrcan & sa Religion. Nicator delivré. Sidetes perit. Cleopatre se donne de nouveau à Nicator.

ARISTE'E. **A**Vez-vous comparé la Philosophie des Grecs avec celle des Romains.

PHILEMON. Les Romains n'étoient pas Philosophes.

ARISTE'E. Il faut dire qu'ils n'étoient pas discoureurs. Mais n'appellez-vous pas Philosophie une vie simple & laborieuse, l'amour de la frugalité, l'éxercice de l'agriculture, l'attachement aux interests de la patrie & à la gloire de la nation?

PHILEMON. Vous m'y faites penser, Aristée. Cette philosophie est la plus solide. Elle fait des conquestes, & l'autre ne produit que des disputes.

ARISTE'E. Oüy, Philemon. Il sembloit que les Capitaines Romains n'étoient que des païsans, & cependant c'étoit autant de Conquerans. Un Curius durant la paix met la main à la charruë: & quand on le tire de là pour conduire une Armée, il fait voir qu'il sçait également gagner des batailles, & mener la vie rustique.

PHILEMON. Je m'imagine que la défaite d'Annibal & d'Antiochus

K v

le Grand, rendit les Romains redoutables par toute la terre.

ARISTE'E. Les Rois d'Orient
aprés cela se mettoient sous leur
protection, & s'estimoient heureux de leur faire accepter quel-
que gage de leur fidelité. Seleucus *Trente-neuviéme siecle.*
Philopator fils du grand Antio-
chus & l'heritier de son Royaume,
leur donna en ôtage son cadet
Antiochus, qui fut depuis appellé Epiphanes, c'est à dire l'illustre.

PHILEMON. Ce nom me remet
dans l'esprit ce que j'ay lû dans
l'Histoire des Machabées, mais
que je ne sçay que fort confusément.

ARISTE'E. Seleucus Philopator
étant sur l'âge, les Romains voulurent avoir Demetrius Soter son
fils, qui n'avoit que dix ans, en
la place d'Epiphanes.

PHILEMON. C'est que par là
ils jugeoient qu'ils seroient plus

maîtres du Royaume de Syrie.

ARISTE'E. Cependant il en arriva tout autrement. Philopator
meurt, & Epiphanes monte sur
le trône.

PHILEMON. Cet usurpateur joüa
un étrange personnage ; il me
souvient un peu de ses cruautez
& de sa mort.

ARISTE'E. Il y avoit alors des
inimitiez horribles entre les Rois
de Syrie & d'Egypte. La Cœle-
Syrie, c'est à dire la ville de Da-
mas & son territoire, qui confi-
noit aux deux Royaumes, en
étoit l'origine. Antiochus alloit
se rendre maître de l'Egypte sans
l'autorité des Romains. Mais s'ils
s'empescherent d'y entrer, ils ne
s'empescherent pas de persecuter
les Juifs.

PHILEMON. Quel fut, je vous
prie, le pretexte de cette persecution ?

ARISTE'E. Les divisions du peu-

ple Juif en furent le pretexte, &
les richesses du Temple en furent
la veritable cause. Seleucus avoit
voulu faire enlever ces richesses;
mais le grand Prestre Onias s'opposa vigoureusement à Heliodore,
envoyé pour cela.

PHILEMON. Cet Heliodore fut
bien fouetté par des Anges, pour
n'avoir pas voulu se rendre aux
prieres & aux remontrances d'O-
nias.

ARISTE'E. Ce saint Pontife avoit
un frere appellé Jason, qui ne
luy ressembloit pas. Luy & un
certain Simon jaloux de la souveraine Sacrificature, causerent de
grands troubles : & enfin Onias
fut assassiné.

PHILEMON. Il est étrange que
ces miserables Juifs s'oubliassent
toûjours dans la paix, & qu'ils
ne devinssent sages, que lors qu'ils
étoient malheureux.

ARISTE'E. C'étoit-là leur ca-

ractere : outre l'esprit d'ambition
& de jalousie qui les agitoit , le
commerce des Gentils leur avoit
donné du goût pour les coûtumes
payennes. Ils voulurent celebrer
des jeux comme les Grecs. Voila
ce qui attira tout de nouveau la
colere de Dieu : Onias n'y étoit
plus pour arrêter son bras van-
geur. Antiochus entre dans la
Ville , profane le Temple , em-
porte les richesses immenses qui
y étoient en dépost , & commet
par tout des excés horribles.

PHILEMON. Ne voulut-il pas
aussi éteindre la Religion des
Juifs ?

ARISTE'E. Il alla plus loin. Il fit
placer dans le Temple l'idole de
Jupiter Olympien , & ordonna
qu'on l'adorast , afin que le culte
des Juifs & des Payens fût uni-
forme.

PHILEMON. Cela ne pouvoit
manquer d'attirer une cruelle per-

secution ; car au milieu de la plus grande corruption, il s'en trouve toûjours quelques-uns qui sont fideles à Dieu : & un Prince impie ne peut pas souffrir ceux-là.

Ariste'e. Eleazar se signala par sa fidelité ; & on ne sçait qui l'on doit plus admirer, d'une mere ou de sept enfans, lorsque d'une part on voit ces enfans insensi-bles aux promesses & aux caresses, méprisant les menaces, épuiser la rage des bourreaux, plûtost que de manquer à la loy de leur Dieu: & de l'autre la mere qui les en-courage moins en leur proposant des recompenses, qu'en leur mon-trant qu'ils appartiennent à Dieu qui les a formez dans son sein, & qui a sur eux un domaine absolu.

Philemon. Mais pendant que les uns étoient dans les tour-mens , n'y en eut-il pas d'au-tres qui voulurent vanger leurs frères, & la gloire de Dieu ?

ARISTE'E. Ah, que ne fit pas Mathatias ! aprés s'eftre abandonné quelque tems aux foûpirs & à la douleur, il fe declara contre les Juifs qui facrifioient aux Idoles, il en tua de fa main, & chargea les ennemis.

PHILEMON. Si ce faint Homme avoit un grand zele, fes enfans n'en eurent pas moins que luy.

ARISTE'E. Rien n'eft comparable à Judas l'un de fes fils. Il ne vouloit dans fon armée que des mains pures : & avec fix mille hommes il taille en pieces les troupes d'Apollonius General de l'Armée de Syrie, il luy arrache fon épée, & s'en fert dans les combats. Seron qui vient aprés Apollonius, eft encore battu. Ptolomée & Gorgias veulent faire un dernier effort, leur prodigieufe Armée eft mife en déroute. Lyfias fe prefente, & est défait comme les autres.

PHILEMON. Je m'attens à voir Antiochus luy-même paroître en personne.

ARISTE'E. Il est reservé pour une autre main que pour celle de Judas ; & avant qu'il se mette en campagne, le genereux Machabée aura renversé l'Autel souillé par les impietez des Gentils, repurgé le Temple, refait des vases nouveaux, & ordonné une feste solemnelle appellée *Encenies*, pour consacrer à Dieu ce nouvel ouvrage.

PHILEMON. Je voudrois bien sçavoir d'où vient ce nom de Machabées.

ARISTE'E. Il vient de ce que Judas & ses freres firent écrire sur leurs drapeaux ces paroles : *Quis similis tui in fortibus Domine ?* dont les premieres lettres de chaque mot jointes ensemble, faisoient ce mot Machabées

PHILEMON. Ainsi par ce nom ils annonçoient que ce n'est pas sur le bras de la chair qu'ils s'appuyent, mais uniquement sur la puissance divine, & que pendant que le Dieu qu'ils adorent combattra pour eux, ils dissiperont toutes les forces & tous les desseins de leurs ennemis. Mais Anthiochus peut-il apprendre sans desespoir tout ce que fait Judas? Un Prince cruel, orgueilleux, insolent comme luy, est étrangement sensible à ses pertes, & irrité des succés de son ennemy.

ARISTE'E. Il étoit à Ecbatane lorsqu'il en apprit les nouvelles. Il part en diligence & s'avance avec tant de precipitation, qu'il tombe de son chariot. Son corps meurtry se corromp, les vers en sortent de toutes parts; il est en mourant insupportable à luy-même.

PHILEMON. Ne connut-il pas alors que la main de Dieu le frappoit. Il me semble même avoir lû qu'il avoüa qu'il étoit juste que la creature fust soumise à Dieu , & qu'il promît de se faire Juif s'il recouvroit la santé.

ARISTE'E. Repentir inutile ; Paroles superfluës ; L'ame d'Antiochus est alarmée, mais son cœur n'est pas contrit & humilié. Ce miserable Prince perira.

PHILEMON. Aprés que le Dieu d'Israël s'est declaré si hautement pour Judas , qui osera l'attaquer ?

ARISTE'E. Ce sera Antiochus Eupator fils d'Epiphanes. Tout jeune qu'il étoit il fit marcher contre Judas cent mille hommes de pied , vingt mille chevaux , & trente élephans chargez de tours , dont chacune renfermoit trente soldats.

PHILEMON. Cela me fait souvenir de l'action d'Eleazar frere de Judas, qui se fit un passage l'épée à la main, pour s'approcher d'une de ces bestes, dont l'équipage magnifique luy faisoit croire qu'elle portoit le Roy : & qui luy ayant percé le ventre fut accablé sous le poids de l'animal qui tomba mort.

ARISTE'E. Hé bien, ces actions sont-elles heroïques ? Mais voicy bien une autre avanture pour Antiochus Eupator. Demetrius-Soter se sauva de Rome & s'en vint en Syrie. C'est celuy, comme vous avez vû, sur lequel Antiochus l'illustre avoit usurpé le Royaume. Il ne parut pas plûtost que chacun le reconnut pour son Roy. Le jeune Antiochus & Sysias son Gouverneur s'y opposent. Mais leur resistance ne sert qu'à les faire perir.

PHILEMON. Voila les Juifs vangez encore une fois. Cette re-

volution devoit produire le calme
pour eux.

ARISTE'E. La gloire de Judas
devoit eftre toute rapportée à
Dieu. Il étoit manifefte que c'é-
toit Dieu feul qui operoit par luy
tant de merveilles. Cependant
elle faifoit des jaloux, qui pen-
fant que le fouverain Sacerdoce
feroit le prix de leurs flateries,
& de leurs difcours malins, irri-
terent le nouveau Roy.

PHILEMON. Il ne faifoit pas bon
neanmoins fe declarer contre Judas, puifque la main du Tout-
puiffant étoit avec luy.

ARISTE'E. Les Impies ne font
pas attention à cela. Demetrius-
Soter envoye contre luy Bacchide
Alcime à la tefte d'une puiffante
armée. Judas bat l'un & l'autre.
Soter envóye Nicanor, il eft encore battu.

PHILEMON. Ce Nicanor étoit
infolent. Il ofa lever la main con-

tre le Temple. Mais il fut puny
de son audace. J'ay lû que les Juifs
aprés sa mort & la défaite de son
armée, luy couperent cette main
hardie, & l'attacherent à la mu-
raille du Temple qu'il avoit mé-
nacé.

ARISTE'E. On n'insulte point
impunément Dieu; & on remarque ordinairement une juste proportion entre le chastiment des
Impies & les impietez qu'ils com-
mettent.

PHILEMON. Judas fera-t-il bien
encore de grandes actions?

ARISTE'E. Il resistera encore
avec huit cens hommes, à la grande armée de Bacchide & d'Alcime. Mais il trouvera là le terme
de ses victoires. Il y perdit la vie
accablé de la multitude.

PHILEMON. Il avoit des freres qui pouvoient bien remplir sa
place : Ne fut-ce pas Jonathas
qui fut élû par le conseil des Juifs?

ARISTE'E. Ils ne pouvoient mieus choisir. Autorisé des Romains qui ne cherchoient que les occasions de rabaisser les Rois de Syrie, il obligea Bacchide & Alcime à luy demander la paix.

' PHILEMON. Les Romains luy donnerent-ils du secours ?

ARISTE'E. Non, mais il suffisoit qu'ils se declarassent en faveur d'un party pour luy donner un grand poids. Il arriva alors une affaire qui augmenta le credit de Jonathas. Un certain Alexandre Balas qui se vantoit d'estre fils d'Epyphanes se mit en teste de contester le Royaume à Demetrius, & luy declara la guerre.

PHILEMON. Apparemment Jonathas fut recherché des deux partis.

ARISTE'E. Il est vray. Mais Demetrius en avoit trop fait aux Juifs. Jonathas laissa faire Balas.

Celuy-cy reconnu Roy par ceux d'Antioche, & soûtenu par Ptolomée - Philometor, presenta la bataille à son rival, & remporta la victoire, qui luy acquit le Royaume, & en même tems Cleopatre fille de Philometor qui luy fut donnée en mariage.

PHILEMON. Demetrius avoit-il des enfans ?

ARISTE'E. Il en avoit deux, Demetrius-Nicator & Antiochus-Sidetes, mais si jeunes qu'ils n'étoient pas en état de vanger la mort de leur pere (car Demetrius fut tué dans le combat) : Et Balas ne crût pas à cause d'eux, devoir s'abstenir des plaisirs, dont les Rois jouïssent avec tant de facilité.

PHILEMON. Ils étoient jeunes, dites-vous, mais peut-estre devinrent-ils grands, & capables de troubler les plaisirs de Balas.

ARISTE'E. Cela arriva ainsi.

Demetrius-Nicator voyant que les Sujets de cet usurpateur n'avoient que du mépris pour luy à cause de sa vie volupteuse, l'attaqua. Balas alarmé demande du secours à Philometor. Celuy-cy demande le Royaume de Syrie: & comme celuy-cy n'est pas d'humeur à le ceder, Philometor ne luy donne point de secours; au contraire, il se declare contre luy. Balas est battu & tué par les siens aprés la perte de la bataille. Philometor blessé dans le combat mourut peu de jours aprés.

PHILEMON. Ce Philometor étoit un étrange homme. N'avoit-il point eu aussi envie d'estre Roy de Judée?

ARISTE'E. Je n'en sçay rien. Mais il ne haïssoit pas les Juifs. Il fit punir de mort les Samaritains qui leur avoient contesté la dignité de leur Temple.

PHILEMON. Ce que vous en dites-là

dites-là est assez particulier. Comment cela se passa-t-il ?

ARISTE'E. Les Samaritains pour gagner la faveur d'Antiochus-Epyphanes qui persecutoit les Juifs, avoient consacré leur Temple de Garizim à Jupiter l'hospitalier.

PHILEMON. Ils ne se faisoient donc pas une affaire de le prophaner par des Idoles. Et que pretendoient-ils aprés cela ?

ARISTE'E. Nonobstant cette prophanation ils soûtinrent devant Philometor, que suivant les termes de la Loy de Moïse ce Temple prophane l'emportoit sur celuy de Jerusalem.

PHILEMON. C'étoit un fait aisé à examiner.

ARISTE'E. Les Juifs se presenterent à Alexandrie. Et il fut dit que les Parties justifieroient leurs pretentions par les termes de la Loy.

Tome I.   L

PHILEMON. Les Samaritains font icy dans un fâcheux engagement.

ARISTE'E. Vous pouvez penser qu'ils ne trouverent rien moins que ce qu'ils chercherent dans les Livres de Moïse. Aussi furent-ils punis de mort selon la convention. Le même Roy permit à Onias de la race Sacerdotale, de bâtir un Temple à Heliopolis sur le modele de celuy de Jerusalem.

PHILEMON. A quoy pensoit Onias ? Les Juifs pouvoient-ils avoir un Temple ailleurs que dans Jerusalem ?

ARISTE'E. C'est de quoy Philometor ne s'inquietoit pas. Mais l'entreprise d'Onias fut jugée temeraire, & condamnée par tout le Conseil des Juifs comme contraire à la Loy.

PHILEMON. Revenons à la Syrie. Cleopatre, que devint-elle ? Je ne la trouve pas fort heureuſe en pere & en mary.

ARISTE'E. Cleopatre épouſe le vainqueur. Voila tout ce qu'elle demande. Elle avoit épouſé Balas à cauſe de ſa victoire : par la même raiſon elle épouſe Nica-tor.

PHILEMON. Pendant ces brouil-leries la Judée devoit un peu reſ-pirer. Comment Jonathas vivoit-il avec le vainqueur ?

ARISTE'E. Ils étoient de bonne intelligence. Nicator traita Jona-thas de frere : & les Juifs en recon-noiſſance de la bonne volonté que leur témoignoit Nicator, luy ſauverent la vie en l'arrachant d'entre les mains d'une populace mutinée.

PHILEMON. Cela va bien pour les Juifs. Mais je crains que cela ne dure pas.

ARISTE'E. Cela durera juſqu'à ce que Nicator ſoit affermy ſur le Trône. Il n'en vouloit pas moins aux Juifs que ses predecesseurs,

PHILEMON. Et Nicator ne trou-vera-t-il rien dans son chemin qui arrête ses mauvais desseins sur la Judée ?

ARISTE'E. Diodote-Tryphon vint redemander le Royaume de Syrie pour un fils de Balas, dont il étoit Tuteur, & qu'il avoit nom-mé Antiochus le Dieu.

PHILEMON. Que dit Nicator à cela ?

ARISTE'E. Il se trouva fort em-barassé. Car on ne l'aimoit pas, & son orgueil l'avoit rendu insu-portable. Il n'y avoit que Jona-thas qui pust le soûtenir ?

PHILEMON. Mais Tryphon ne songea-t-il point à gagner Jona-thas ?

ARISTE'E. Ah ! je ne puis pen-ser sans horreur à l'artifice cruel de ce perfide.

PHILEMON. Je me souviens de sa cruauté. Sur de belles promesses

il attira Jonathas dans Ptolemaï-
de, où il le fit tuer avec toute sa
suite. Puis offrant de le rendre
pour de l'argent, & pour ses trois
enfans, Simon frere de Jonathas
luy envoya ce qu'il demandoit:
Et le barbare tua les trois fils comme il avoit tué le pere. Simon &
Jonathas ne furent-ils point un peu
trop faciles ? Un homme qui cherche une Couronne est toûjours
dangereux. Mais voyons si par la
politique de Tryphon, Antiochus
le Dieu sera Roy de Syrie ?

ARISTE´E. Vous pensez que c'é-
toit pour Antiochus que Tryphon
faisoit tant de choses. Non, non,
c'étoit pour luy-même. Il fit mourir Antiochus par l'operation de
quelques Medecins, qui suppo-
serent qu'il avoit la pierre : Et ne
pouvant envahir tout le Royaume,
il en prit du moins une partie.

PHILEMON. Et Simon ne songea-t-il point à vanger la mort de

son frere & de ses neveux ? Pouvoit-il souffrir un si perfide usurpateur ?

ARISTE'E. Tout ce qu'il pût faire, ce fut de prendre le party de Demetrius-Nicator, duquel il obtint la liberté de son païs.

PHILEMON. Mais Tryphon maître d'une partie du Royaume, ne s'opposa-t-il point à cette liberté.

ARISTE'E. Il s'y opposa, mais il ne put empêcher que les Syriens ne fussent chassez de la Citadelle qu'ils avoient en Jerusalem : & ensuite de toutes les places de la Judée.

PHILEMON. Les Juifs devoient bien reconnoître qu'ils devoient leur salut à ces trois grands hommes, Judas, Jonathas & Simon.

ARISTE'E. Ils le reconnurent si bien aprés toutes leurs seditions, & leur ingratitude, qu'ils donnerent à Simon souverain Pontife, la puiſſance Royale, qui depuis fut toûjours jointe au ſouverain Sa-cerdoce attaché à la famille des Aſmoneens ou Machabées. De-puis le retour de Babylone les Juifs n'avoient point eu de Roys. Ils n'avoient eu que le grand Sanehdrim, qui étoit un Conſeil compoſé de ſoixante & dix Sages, ſelon l'ordre donné à Moïſe, pour regler les affaires de la Nation.

PHILEMON. Ce nouvel établiſſement n'excita-t il point la jalouſie des Peuples voiſins, & ſur tout des Samaritains?

ARISTE'E. Rien n'étoit plus capable de l'exciter. Mais Simon uny à Nicator, reſiſta vigoureuſement à tous ſes ennemis.

PHILEMON. J'ay ſur cela une difficulté. C'eſt qu'il me ſemble que le Sceptre ne devoit point ſortir de la maiſon de Juda. Cependant le voila tranſporté dans celle de Levi.

ARISTE'E. Il n'y eſt pas tranſporté pour y demeurer. Il eſt porté expreſſément dans l'acte paſſé
entre Simon & les Juifs, qu'il n'y
demeurera que juſqu'au tems du
grand Prophete qui devoit deſcen-
dre de David.

PHILEMON. On trouve par tout
que ce Prophete divin (car apparemment c'eſt du Meſſie que vous
parlez) eſt l'objet des eſperances
& de la conſolation des Juifs.
Qu'une Religion qui ſubſiſte dans
cette attente eſt admirable! Mais
que celle qui adore ce Meſſie venu
eſt ſainte & raviſſante! Au commencement du nouveau Royaume du Peuple de Dieu, n'y eut-il
point de nouveaux troubles?

ARISTE'E. La Judée fut aſſez
tranquile juſqu'à la mort de Simon. Les Syriens avoient d'autres affaires qui leur faiſoient oublier les Juifs.

PHILEMON. Les broüilleries de la Syrie ne finiſſoient donc point.

ARISTE'E. Elles augmentoient inceſſamment. Mytridate de la race des Arſacides, commençant à étendre ſes conquêtes ſur la Syrie, aprés avoir ſoumis à l'Empire des Parthes, les Indes & la Bactrianne, Demetrius - Nicator marcha contre luy. Mithridate fut vaincu : les Parthes preſque reduits. Mais comme il ſe preparoit à venir châtier Tryphon, il tomba malheureuſement entre les mains des vaincus, & demeura priſonnier.

PHILEMON. Ce fut une nouvelle agreable pour Tryphon. Comment gouvernoit-il cette partie du Royaume de Nicator, qu'il avoit uſurpée?

ARISTE'E. Que peut-on attendre d'un uſurpateur, que des fourbes, des artifices, de l'orgueil,

& des cruautez ? Aussi ne fallut-il point d'autres armes pour l'abbattre. Les Peuples ne le purent souffrir ; ils l'abbandonnerent, & se rendirent à Cleopatre femme de Nicator & à ses enfans.

PHILEMON. Mais une femme & des enfans peuvent-ils gouverner surement un grand Royaume si ébranlé ?

ARISTE'E. Vous avez vû que Nicator avoit un frere appellé Alexandre-Sedetes. Celuy-là fut chargé de l'administration du Royaume.

PHILEMON. Cleopatre est une ambitieuse ; elle voudra en qualité de Reine avoir l'autorité.

ARISTE'E. Elle sçût bien se satisfaire. Elle apprit que Nicator durant sa prison où il étoit traité en Roy, avoit épousé Rodogune fille de Phraate, qui avoit succedé à Mithridate. Voila le pretexte qu'elle prit pour épouser

Sidetes. Elle vouloit, difoit-elle, donner un rival à Nicator, puifqu'il luy donnoit une rivale.

PHILEMON. Cleopatre n'avoit pas le cœur tendre, elle n'aimoit qu'à regner : Et Sidetes en fut la dupe, s'il crut par luy-même avoir merité fon amour. Enfin, voila Sidetes Roy. N'eût-il rien à demêler avec Tryphon ?

ARISTE'E. Il refolut de l'accabler. Dans ce deffein il fe joignit à Simon. Tout cede à ces deux Rois : & Tryphon cherche fon falut dans la fuite.

PHILEMON. Je voudrois qu'il fut tombé entre les mains de fes vainqueurs.

ARISTE'E. Un Auteur, je croy que c'eft Frontin, dit que Tryphon en fuyant, fema de l'or dans les chemins, afin que fes ennemis s'amufant à ramaffer cet or, luy laiffaffent le rems de fe fauver.

PHILEMON. La plufpart des
L vj

addreſſes du tems paſſé ne ſeroient pas d'uſage dans nôtre ſiecle. Mais je croy que celle-cy ſeroit de tous les tems. Tryphon n'en mourra donc pas encore ?

ARISTE'E. Un autre Auteur dit qu'il ſe tua luy-même.

PHILEMON. Quel fruit maintenant tireront les Juifs de l'union de Simon & de Sidetes ?

ARISTE'E. Sidetes imitateur de ſes predeceſſeurs, formera de nouveaux deſſeins contre Jeruſalem, & fera perir Simon.

PHILEMON. Ce Simon qui venoit de luy rendre de ſi grands ſervices ! Il n'y a point de bienfaits capables de toucher les ames ambitieuſes, qui ne ſongent qu'à étendre leur domination. Voila donc Jeruſalem encore attaquée une fois.

ARISTE'E. Elle fut aſſiegée. Mais elle fut genereuſement défenduë par Jean Hyrcan ſucceſ-

seur de Simon. Il fit un accommodement avec Sidetes : & ils mar-
cherent ensemble contre les Parthes pour délivrer Nicator.

PHILEMON. Les Machabées ne
se lassoient point de secourir les
Rois de Syrie. Hyrcan éprouva-
t-il moins que ses predecesseurs,
l'ingratitude de ses alliez ?

ARISTE'E. Tout luy fut favorable. On vît jusqu'où alloit le
respect qu'on avoit pour sa personne, lorsque toute l'Armée s'arrêta, pour luy donner le tems de
satisfaire aux devoirs de sa Religion par la celebration du Sab-
bat.

PHILEMON. Ainsi les Syriens
à la face de toute la terre, firent
une espece de reparation au Dieu
du Ciel, dont ils avoient tant blas-
phemé le nom & persecuté le peuple. Mais quel fut le succés de cette guerre ?

ARISTE'E. Les troupes de Syrie

étoient ſi corrompuës par les plai-
ſirs & par le luxe : Les Patiſſiers,
les Cuiſiniers , les Comediens y
étoient en ſi grand nombre : L'or
& l'argent qu'on voyoit juſques
ſur les ſouliers des ſoldats , leur
avoit tellement amolly le cœur,
que Sideres ne pouvoit mieux faire que de s'unir à Hyrcan , qui
merita toute la gloire de cette
guerre. Ce fut luy qui fit trembler
les Parthes, & qui reduiſit Phraate
à ſes anciennes limites.

PHILEMON. Cependant que fai-
ſoit Nicator ? Son beau-pere ainſi
reduit n'avoit-il point quelques
deſſeins ſur luy ?

ARISTE'E. Phraate avoit bien
envie de ſe ſervir de Nicator pour
rétablir ſes affaires ; mais il craignoit que la liberté n'euſt plus
de charmes que Rodogune pour
ce priſonnier. Il le relâchoit quelquefois , mais il le rappelloit in-
continent.

PHILEMON. L'esprit de l'un étoit bien flotant, & le sort de l'autre bien bizarre. Enfin qu'arriva-t-il?

ARISTE'E. Enfin le beau-pere croyant qu'il étoit necessaire de faire diversion en Syrie, y envoya son gendre : & en même tems il apprit que les Villes où Sidetes avoit mis son armée en quartier d'hyver, entr'autres Babylone, fatiguées des excés de ce Prince, qui ne pouvoit fournir à ses dépenses excessives que par des rapines extraordinaires, s'étoient revoltées, & que Sidetes luy-même y avoit perdu la vie.

PHILEMON. Et comment fut-il assassiné?

ARISTE'E. On a parlé diversement de sa mort. Les uns disent qu'il se tua de son épée, les autres qu'il se precipita du haut d'un rocher : & d'autres, qu'il fut massacré par les Prestres de Venus, parce qu'il avoit voulu épouser cette Deesse.

PHILEMON. Quoy qu'il en soit, Phraate est défait de Sideres. Mais alors n'auroit-il pas voulu tenir encore son prisonnier ?

ARISTE'E. Il ne se consoloit pas de l'avoir laissé aller, il dépêche Courriers sur Courriers pour le faire revenir ; mais tout cela est inutile, il étoit rentré dans son Royaume.

PHILEMON. C'est ce qu'on ne quitte pas pour aller en prison : & Cleopatre comment le reçût-elle ?

ARISTE'E. Avec de grandes marques de joye & de tendresse. Ils n'avoient rien à se reprocher sur l'infidelité ; & Cleopatre tendoit toûjours les bras à la Couronne.

PHILEMON. Je prévoy que ce

Prince & cette Princeſſe n'ont pas encore achevé leur perſonnage.

ARISTE'E. Ils l'acheveront demain; car il y a aſſez long-tems que nous parlons de la Syrie.

IX. ENTRETIEN.

Sur l'état de l'Orient & de l'Occident, depuis le retour de Nicator jusqu'à la mort de Jules Cesar.

Mort tragique de Nicator & de Cleopatre. Tigranes est fait Roy de Syrie. Hyrcan bat les Samaritains, & ne peut vaincre leur schisme. Les divisions des Asmoneens. Carthage, Numance & Corinthe brûlées. Les Gaulois sont reduits. Rome sujette aux seditions. Carnages de Marius & de Sylla. Pompée est par tout vainqueur. Les victoires de Cesar. Parallele de Cesar & d'Alexandre. Cyrus, Alexandre & Cesar, servent aux desseins de Dieu.

ARISTE'E. Nicator vous prepare une Tragedie, & Cleopatre encore une autre.

PHILEMON. Commençons, je vous prie, par celle de Nicator.

ARISTE'E. Quand il eut recouvré son Royaume, il se rendit odieux par son orgueil, & insupportable par ses violences. Toute la Syrie se souleva.

PHILEMON. L'Egypte toûjours ennemie de ce Royaume, ne voulut-elle point profiter de ce soûlevement ?

ARISTE'E. Elle presenta aux Syriens un nouveau Roy, que l'on nommoit Alexandre Zebina , fils de ce Balas dont nous avons parlé.

PHILEMON. Nicator ne manque point de concurrens. Comment se tira-t-il de là.

ARISTE'E. Il ne pût pas s'en tirer. Il perdit la bataille , & étant tombé entre les mains de ses ennemis , il mourut dans la pauvreté & dans la misere. Josephe le dit ainsi. Tite-Live & Appien écrivent que Cleopatre l'empoisonna dans l'esperance que ses enfans luy laisseroient plus d'autorité que son mary.

PHILEMON. Quoy qu'il en soit, il n'y a plus de Nicator ; & Cleopatre est la maîtresse. Comment en usa-t-elle avec ses enfans ?

ARISTE'E. Voyant que Seleucus son aîné s'oppoſoit à ſes ambitieux deſſeins, elle dépeſcha ſa mort, comme elle avoit fait celle de ſon mary ; elle le tua d'un coup de fléche.

PHILEMON. Cette Princeſſe étoit habile & genereuſe ; elle ſe ſervoit également du fer & du poiſon, & contre ſes plus proches. Il ne luy reſtoit plus qu'un fils, pût-elle s'accorder avec luy ?

ARISTE'E. Il ne luy reſtoit plus qu'un fils de Nicator. Il s'appelloit Antiochus Grypus, c'eſt à dire nez crochu. Mais elle en avoit encore d'autres d'Antiochus Sidetes frere de Nicator. Car vous ſçavez qu'elle épouſa ces deux freres alternativement.

PHILEMON. Bon Dieu ! Quelle ſemence de diſcordes ! Mais que fit ce Grypus, & que devint-il ?

ARISTE'E. Il défit les rebelles. Il tua ſon rival Zebina ; & en ſuite il fit tomber Cleopatre dans le piege qu'elle luy avoit tendu.

PHILEMON. Grypus en ſçavoit donc autant que Cleopatre.

ARISTE'E. Vous allez voir. Grypus revenoit tout couvert de gloire aprés la défaite de ſes ennemis. Cleopatre elle-même voulut honorer ſon triomphe, en luy preſentant la coupe Royale.

PHILEMON. Il y a icy du poiſon caché. Cleopatre voyoit bien que les victoires de ſon fils le rendroient ſouverain. Elle n'aimoit point cela.

ARISTE'E. Elle portoit donc du poiſon dans ſon cœur. Mais comme celuy-là ne fait pas mourir, elle en mit d'autre dans la coupe qu'elle preſenta à Grypus.

PHILEMON. Grypus la devoit connoître. C'étoit un ſot s'il ſe laiſſoit endormir à ſes careſſes.

ARISTE'E. Soit qu'il la connuſt ou qu'il en fuſt averty, il refuſa d'abord fort respectueusement cet honneur , disant qu'il apparte-noit à elle seule : & comme Cleo-patre le pressoit extrémement de le recevoir, il luy dit : Non, Madame, je me défie trop des honneurs qui partent de vos mains. Je croy que cette coupe est empoisonnée ; & si vous voulez me détromper, buvez-la.

PHILEMON. Voicy un argument pressant.   Il n'y a pas à reculer. Quel party prit Cleopatre ?

ARISTE'E. Elle but , & mourut.

PHILEMON. Malheureuse Princesse qui par tant d'infidelitez, de perfidies, de meurtres, d'empoisonnemens , ne trouve qu'une vie inquiete & une mort tragique ; Grypus aprés cela fut-il paisible possesseur du Royaume ?

ARISTE'E. Il eut encore à combattre contre ses freres de l'autre lit. Il vainquit Antiochus Cyzicene fils de Sideres. Mais cela ne remedia pas aux defordres de la Syrie, toute déchirée par les Seleucides.

PHILEMON. Que firent donc les Syriens ? Furent-ils toûjours malheureux ?

ARISTE'E. Ils crurent ne pouvoir mettre fin à leurs maux, qu'en se donnant à un Roy étranger. Ils jetterent les yeux fur trois : fur Mythridate, fur Ptolomée, & fur Tigranes. Mais ce dernier fut preferé d'un confentement general.

PHILEMON. Pendant tous ces troubles que fe paffoit-il dans la Judée ?

ARISTE'E. Tout y étoit en paix. Les Romains protegeoient Hyrcan, & l'avoient remis en poffeffion des Villes que les Syriens luy avoient prifes.

PHILEMON. Il me femble que c'étoit bien le tems pour les Juifs d'attaquer les Samaritains. Car enfin il falloit que le peuple de Dieu tirast raison de ces schisma-tiques idolatres. Ils l'avoient trop persecuté.

ARISTE'E. Hyrcan ne manqua pas de leur declarer la guerre. Il ne voyoit point sans douleur le Temple profane de Garizim, qui subsistoit depuis deux cens ans. Il crût qu'en le renversant il renver-seroit le schisme.

PHILEMON. Il pût bien se mé-conter ; Car les Temples & les Villes n'ont point de liaison necef-saire avec la Religion.

ARISTE'E. Aussi ni la prise de Sichem, ni la prise de Samarie, ni le renversement du Temple, ne pût rien sur ces opiniâtres schisma-tiques. L'éxemple même des Idu-méens, des Philistins & des Amnio-nites vaincus qui embrasserent la Religion Judaïque, sembla ne leur donner que de l'indignation.

PHILEMON.

Philemon. C'eſt que les hommes dans ces tems qu'ils appellent
de perſecution, s'exhortent mu-
tuellement. Les parens, les amis
ſe diſent les uns aux autres que
leur Religion eſt ſainte. Il n'y a
que ceux qu'ils croyent leurs ennemis, qui leur diſent le contraire. Ils ſouffrent. Cela leur fait
juger que leur cauſe eſt la meilleure : au lieu qu'ils devroient éxa-
miner la nature de leur cauſe,
pour juger de la juſtice de leurs
ſouffrances. C'eſt un étrange mal
que le ſchiſme & l'hereſie.

Ariste'e. Enfin les Samaritains
furent toûjours ſchiſmatiques, toûjours adorateurs de Garizim, où
ils reſpectoient les cendres de leur
Temple, toûjours les ennemis irre-
conciliables des Juifs.

Philemon. Hyrcan eut-il une
poſterité heureuſe ?

Ariste'e. Il eut deux fils, Ari-
ſtobule & Alexandre Jannée, qui

Tome I. M

regnerent l'un aprés l'autre.

PHILEMON. Les Rois de Syrie apparemment les laifferent regner en repos.

ARISTE'E. Que pourroit-on craindre d'un miferable Royaume qui se détruifoit luy-même ? Mais si les fils d'Hyrcan ne furent point troublez de ce côté-là, la Judée fut furieufement troublée par leurs paffions ; & on vît fous leur regne tout ce que l'ambition & la cruau-té peuvent produire.

PHILEMON. Les Afmonéens s'é-toient bien démentis. La Judée reffemblera bien-toft à la Syrie.

ARISTE'E. Cela eft imman-quable. Alexandre Jannée eut deux fils, Hyrcan II. & Arifto-bule, qui fe détrônerent alterna-tivement, & dont les divifions mirent la Judée en efclavage. Les Romains s'en mêlerent. Jugez du refte.

PHILEMON. La race des Afmoneens court grand risque de perir.

ARISTE'E. Hyrcan II. à qui son neveu Antigone avoit fait couper les oreilles, demeura seul vieux & infirme, avec un reste de puissance qu'Herodes ‑ Ascalonites ou Iduméen, mary de sa fille Mariamne luy arracha avec la vie.

PHILEMON. C'est donc ainsi qu'Herodes qui étoit étranger devint maître de la Judée. Mais il me semble qu'avant que d'en venir à Herodes, il y avoit encore quelque chose à dire des Romains.

ARISTE'E. Il faut y revenir, Philemon, vous les avez vû maîtres de Carthage, & leur nom redouté dans l'Orient. Carthage ne pouvoit souffrir leur domination. Numance son alliée remuoit aussi : & ces deux Villes donnoient de la terreur aux Romains. Ils entreprennent la troisiéme guerre

M ij

Punique, & envoyent en Afrique Scipion Æmilien petit fils de l'A-friquain, qui renverſa Carthage de fond -en -comble. Numance qu'un ſi terrible exemple n'avoit point changée, fut reduite quel-ques années aprés par le même Capitaine, à ſe brûler elle-même avec toutes ſes richeſſes.

PHILEMON. Il faut en venir à d'étranges extrémitez pour éta-blir une nouvelle domination. Aprés cela les Romains n'eu-rent-ils plus rien à brûler?

ARISTE'E. Corynthe qui étoit la plus riche & la plus ſuperbe Ville de la Grece leur déplaiſoit. Il fallut qu'elle perît encore par le feu. Le Conſul Nummius par la victoire qu'il remporta, abbatit en même tems le Republique des Achéens.

PHILEMON. Que devinrent ces incomparables ſtatuës de Coryn-the, dont on a tant parlé?

Ariste'e. Les unes furent fonduës dans l'embrasement : les autres furent transportées à Rome par le Consul qui n'en connoissoit pas le prix.

Philemon. C'est que les Romains ne s'étoient point appliquez aux arts que la Grece avoit tant cultivez. Ils aimoient mieux un bon Capitaine qu'un Philosophe, un Peintre, ou un Sculpteur.

Ariste'e. Ils ne negligeoient pas aussi la Politique, & l'Agriculture.

Philemon. Ils cherchoient le solide. Ils vouloient par la guerre vaincre les Peuples ; les gouverner par la Politique ; & par l'Agriculture, leur fournir abondamment dequoy se nourrir.

Ariste'e. Voila ce qu'il faut pour le corps. Mais l'esprit demande aussi sa nourriture ; & il la trouve dans les beaux arts, qui

fourniſſent encore mille commo_
ditez pour la vie.

PHILEMON. C'eſt à dire que
vous voulez joindre aux mœurs
des Romains les arts & la politeſſe
de la Grece. C'eſt auſſi mon ſentiment : & c'eſt ce que nous voyons
heureuſement uny dans ce Royau_
me par la ſageſſe de nôtre genereux Monarque. Mais revenons
aux guerres des Romains. Quand
ils eurent défait leurs ennemis dans
la Grece, & les rebelles dans l'A-
frique & en Eſpagne, laiſſerent-ils
en repos leurs vieux ennemis les
Gaulois ?

ARISTE'E. Ils voulurent s'étendre dans la Gaule au de-là des
Alpes comme ailleurs. Les Gaulois n'étoient plus comme autrefois de bons ſoldats. Sextius battit
ſans peine ceux qu'on appelloit
Salyens , & établit une colonie
dans la Ville d'Aix, appellée de
ſon nom Aquæ-Sextiæ. Fabius

vainquit les Allobroges ; & enſuite la Gaule Narbonaiſe fut reduite en Province Romaine.

PHILEMON. Tout cede aux Romains. Les voila maîtres des terres & des mers. Mais au dedans tout ſe paſſe-t-il bien ? Les Citoyens ſont-ils heureux pendant que les ſoldats font des conquêtes ?

ARISTE'E. Les diviſions de la Ville s'augmentoient avec les richeſſes. Le riche Attalus Roy de Pergame avoit fait le Peuple Romain ſon heritier ; & le Teſtament de ce Prince fut funeſte à ce Peuple. Le deſir de profiter de tant de richeſſes mit des broüilleries par tout ; & entre les Romains & pluſieurs Princes de l'Aſie, & entre le Peuple & le Senat Romain.

PHILEMON. C'eſt apparemment que le Peuple vouloit qu'on les luy diſtribuaſt.

M iiij

ARISTE'E. Tiberius - Gracchus le pretendoit ainſi, & vouloit mettre en vigueur toutes les Loix qui favoriſoient le Peuple.

PHILEMON. Peut-eſtre que ce Gracchus ne prenoit ainſi les in-tereſts du Peuple que pour deve-nir le maître des grands & des petits.

ARISTE'E. Je ne ſçay pas, mais on l'en accuſa : & le Senat vou-lant pourvoir au ſalut de la Repu-blique, ne trouva pas d'autre ex-pedient que de le faire aſſaſſiner par Scipion-Naſica.

PHILEMON. Sa mort mit-elle fin aux troubles : Ne ſe trouva-t-il point quelqu'un qui ſous pre-texte de le vangèr vouluſt encore aſſervir la Republique ?

ARISTE'E. Caius - Gracchus ſon frere ſe preſenta : indigné de la maniere dont on avoit fait mou-rir Tiberius, & incité, diſoit-on, par l'ombre de ce zelé Tribun ; il étoit preft à reduire Rome dans un trifte état, fi la main d'un fecond Nafica ne l'euft arrefté.

PHILEMON. Rome dans fes plus preffantes neceffitez ne manquoit point de défenfeurs. Mais je trouve que fon mal eft bien interieur.

ARISTE'E. L'avarice l'avoit gâtée. Ses divifions arrivées à caufe de la diftribution de terres & des trefors d'Attalus, montroient qu'elle n'étoit poffedée que de l'amour des richeffes. Jugurtha Roy de Numidie connut fon endroit foible, lorfqu'il aima mieux employer les largeffes que les armes, pour fe tirer des mains des Romains.

PHILEMON. Que luy vouloient les Romains ?

ARISTE'E. Ils vouloient vanger la mort de fes neveux dont ils étoient les protecteurs, & qu'il avoit fait mourir pour poffeder le Royaume dont ils étoient heritiers.

PHILEMON. La licence & l'impunité des crimes est toûjours une suite de l'avarice.

ARISTE´E. Les Romains éprouverent non seulement les maux qui naissent de ce vice, mais encore ceux que l'abondance des richesses produit quand on ne sçait pas se regler. Car la multitude de leurs esclaves leur declara la guerre; & il ne fallut rien moins que toute la puissance Romaine pour éteindre la sedition qu'Eunus esclave, luy-même avoit allumée en Sicile.

PHILEMON. cela est bien humiliant pour les vainqueurs de tant de Nations, de se voir aux prises avec leurs esclaves.

ARISTE´E Ils n'y furent pas pour une fois. Il y eut dans la Sicile une seconde revolte de même nature que la premiere, &

où il y eût autant de sang répandu.

PHILEMON. Et les seditions des Gracques étoient-elles tout à fait éteintes?

ARISTE'E. Les Gracques perirent, mais plusieurs autres voulurent les imiter. Marius ayant triomphé de Jugurtha, on vit encore le Peuple soulevé contre la Noblesse. Ce Capitaine crut qu'il n'y avoit pas une meilleure voye pour parvenir au commandement, que d'exciter ces sortes de divisions.

PHILEMON. Voyez combien le mauvais exemple est pernicieux, aussi bien dans le gouvernement civil que dans la Religion.

ARISTE'E. Quand Marius eut défait les Cimbres & les Teutons, & d'autres Peuples du Nort qui s'étoient répandus dans les Gaules, dans l'Espagne, & dans l'Italie, on proposa de nouveaux

Au com-mence-ment du quaran-tiéme sie-cle. Avant Jesus-Christ. 100. ans.

M vj

partages des terres.

PHILEMON. Le Peuple sans doute approuvoit cette proposition.

ARISTE'E. Mais la Noblesse ne la goûtoit pas. Metellus neanmoins qui s'y opposoit, fut contraint de ceder au tems. Et pour mettre fin à la discorde, il fallut faire perir le Tribun Saturninus.

PHILEMON. Marius cependant, vint-il à bout de ses desseins?

ARISTE'E. Il fut heureux pour un tems; mais Sylla qui luy en vouloit de ce qu'il avoit triomphé de Jugurtha, vint troubler tous ses honneurs. Il luy enleva celuy de marcher contre Mithridate, & l'obligea de s'enfuir en Afrique.

PHILEMON. Il me semble avoir entendu parler des fureurs de Marius & de Sylla.

ARISTE'E. L'Empire des Romains venoit d'estre ébranlé par une revolte generale de l'Italie: & Marius la terreur du Nort & du Midy revient d'Afrique, & défigure Rome par des excés de cruautez qu'il exerce contre ceux qu'il croit estre dans le party de Sylla. Celuy-cy vainqueur de l'Asie & de la Grece, non content de voir son ennemy mort d'effroy à son retour, fait un carnage qui n'est pas moins horrible que celuy de Marius. Rome est toute rouge de son propre sang.

PHILEMON. En se rendant ainsi le bourreau de sa patrie, trouva-t-il ce qu'il cherchoit?

ARISTE'E. Il crut si bien l'avoir trouvé, qu'il se fit appeller l'heureux. Neanmoins voyant ensuite que sa Dictature étoit une espece de tyrannie, il s'en défit volontairement.

PHILEMON. Mais cela ne repa-

roit pas les maux qu'il avoit faits.
Etrange aveuglement, de chercher son bonheur par le sang de
ses Citoyens ? Le mauvais exemple qu'il avoit donné n'eût-il point
de suites facheuses ?

ARISTE'E. Vous sçavez que
cela n'arrive point sans consé-
quence. Sertorius qui s'étoit jetté
dans le party de Marius, en avoit
un puissant en Espagne. La force
ne pût l'abbatre, & ce Capitaine
ligué avec Mithridate pouvoit
tout contre Rome, si Pompée
n'eust sçû adroitement les divi-
ser.

PHILEMON. Ce party abbatu,
ne s'en forma-t-il point quelque
autre nouveau ?

ARISTE'E. Vous avez vû un
Eunus à la teste des esclaves in-
sulter aux Romains. Spartacus celebre gladiateur en fit tout autant.
A la teste d'une armée de Gladiateurs il fit des Preteurs & des Con-

fuls : Et il n'y eut que le grand Pompée qui puft le mettre en déroute.

PHILEMON. Je trouve qu'il étoit affez jufte que les Romains payaffent par leur propre fang le plaifir cruel que les fpectacles de Gladiateurs leur donnoient : Et il étoit bon qu'ils appriffent que tant de gens habiles aux armes font dangereux dans un Etat, lorfqu'ils ne font pas deftinez à la guerre. N'avez-vous plus rien à me dire de Mithridate ?

ARISTE'E. C'étoit un Prince que la mauvaife fortune ne pouvoit abbatre. Lucullus qui avoit paffé l'Euphrate prenoit fur luy des avantages. Cependant Mithrida-te tenoit bon : & le General Ro-main arrefté par la defobeïffance de fes troupes n'en put venir à bout. Il fallut que Pompée s'en mêlaft.

PHILEMON. Ce Pompée s'eft

rendu bien celebre. Qui fut plus grand de luy ou de Cesar ; car il me semble que l'un ne va point sans l'autre.

ARISTE'E. Pompée avoit déja rendu de grands services à sa Patrie, lorsqu'à la défaite des Pyrates dont il purgea la Mediterranée, il joignit celle de Mithridate. L'Armenie, où ce Roy vaincu s'étoit refugié ; l'Iberie & l'Albanie, dont il esperoit tirer de nouvelles forces ; la Syrie, dont vous avez vû le triste état ; la Judée, où les Asmonéens avoient eux-mêmes éteint lur puissance ; tout l'Orient fut obligé de ceder aux armes de Pompée.

PHILEMON. Ce Capitaine acqueroit bien des triomphes & augmentoit bien la puissance de la Republique Romaine. Mais j'ay remarqué que pendant que Rome se rend redoutable au dehors, elle est sujette à des guerres intestines.

ARISTE'E. Il y en eut une, dont Catilina fut l'Auteur. Les plus illustres de la Ville furent de sa conjuration. Ils étoient sur le point de tout perdre.

PHILEMON. Pompée se seroit trouvé là fort à propos pour dissiper ce party.

ARISTE'E. Si Pompée étoit en Asie, il y avoit à Rome un Ciceron qui fit voir que la langue d'un excellent Orateur peut procurer le salut de sa Patrie. Cet éloquent Consul releva le courage de la Republique. Tous les conjurez furent taillez en pieces. Et Pompée appellé le Grand, reçût à son retour les honneurs du triomphe.

Quarante-iéme siecle. Avant Jesus-Christ. 60. ans.

PHILEMON. Je crains fort que la grandeur de Pompée ne soit plus funeste à la Ville que la conjuration de Catilina.

ARISTE'E. C'est une chose

étrange, que les grands hommes ne puissent souffrir la puissance les uns des autres. Pompée étoit le gendre de Jules Cesar. Il semble que cela dust les unir, mais Pompée étoit trop puissant dans le Senat. Cesar qui venoit de faire la conqueste des Gaules, voulut pour recompense de ses grands services, égaler la puissance de son gendre.

PHILEMON. Un beau-pere comme Cesar n'avoit pas trop de tort en cela.

ARISTE'E. Mais Pompée & le Senat n'avoient pas trop de tort aussi de luy refuser ce qu'il demandoit. On sçavoit qu'il étoit entreprenant, & que son ambition n'avoit point de bornes. Il est dangereux de confier l'autorité à des esprits de ce caractere. Et que ne devoit-on pas apprehender d'un homme, qui avoit pour maxime, que pour regner on pouvoit violer toutes sortes de Loix?

PHILEMON. J'avouë qu'un Etat est toûjours plus assuré, lorsque la puissance n'est point partagée. Mais voila d'étranges animositez entre Pompée & Cesar.

ARISTE'E. Elles n'éclaterent pas d'abord. Crassus qui étoit puissant, empêchoit l'un & l'autre de se declarer.

PHILEMON C'est apparemment que l'un craignoit de succomber, si Crassus venoit à prendre le party de l'autre. C'étoit une digue fort capable d'arrêter ces deux torrens. Mais qui étoit ce Crassus?

ARISTE'E. C'étoit un homme fort riche ; qui voyant qu'il ne luy manquoit que de la gloire pour égaler Cesar & Pompée, en crût trouver dans l'entreprise de la guerre contre les Parthes ; mais il y perit , & la défaite de son armée fut un opprobre pour le peuple Romain.

PHILEMON. Rien alors ne re-tenoit le gendre & le beau-pere.

ARISTE'E. Cefar en même tems avec l'Armée qu'il avoit dans les Gaules marcha contre l'Italie, il s'en rendit maître : & aprés avoir pillé à Rome le Trefor public, il paflà dans la Grece, & mit en deroute les troupes nombreufes de Pompée à Pharfale.

PHILEMON. Et Pompée , que devint-il ?

ARISTE'E. Il crut trouver un Afile en Egypte , & il n'y trouva que la mort. L'ingrat Ptolomée fur des foupçons , fit aflaffiner celuy dont il tenoit fon Royau-me.

PHILEMON. Il n'y a point de bienfaits qui puiffent toucher le cœur d'un Prince foupçonneux. Cefar délivré d'un fi puiffant ennemy, ne trouva-t-il plus d'obstacle à ses desseins?

ARISTE'E. Les restes de l'Armée vaincuë tenterent inutilement de se soûtenir. Caton, cet Oracle vivant, que rien jusqu'alors n'avoit pû abbattre, connut qu'il ne pouvoit échaper au vainqueur qu'en se donnant la mort. Les deux Fils de Pompée, Cneus & Sextus voulurent resister, mais ils furent défaits; l'un en Sicile, l'autre en Espagne. Enfin, l'Asie, l'Egypte, la Mauritanie & l'Espagne reduites, Rome fut obligée de reconnoître Cesar pour son maître.

PHILEMON. Je trouve ce Cesar aussi hardy & aussi entreprenant qu'Alexandre.

ARISTE'E. Ces deux Capitaines avoient un courage égal, une ambition égale, autant de passion l'un que l'autre pour la gloire & pour les femmes; mais Cesar avoit l'esprit plus reglé qu'Alexandre. Celuy-cy dit tout net qu'il veut estre le maître du monde, & qu'il met son bonheur à faire des conquestes. Il prend tout comme si tout étoit à luy ; l'autre, au contraire, veut qu'on croye qu'il ne fait la guerre que pour le salut de la Republique Romaine asservie par Pompée. Il renonce toûjours, dit-il, à ses propres interests. Il parle d'accommodement. A l'entendre, ce n'est que l'amour de la justice & de la paix qui le domine. Que les Citoyens soient heureux, & les soldats contens, voila tout ce qu'il demande. Ce n'est point luy-même qu'il cherche. Il est prêt à sacrifier ses honneurs, ses richesses & sa vie même au bonheur de ses amis.

PHILEMON. Tout cela est d'un homme qui se possede. Apparemment il n'étoit pas capable de s'en-yvrer ny des autres excés d'Alexandre.

ARISTE'E. Ses plus grands enné-
mis ont reconnu qu'il étoit sobre
& temperant. Enfin, il étoit égale
ment heureux & habile, grand
guerrier, grand politique, capable de vaincre les vainqueurs de la
Terre; & je croy qu'on peut dire
qu'Alexandre n'étoit qu'heureux,
& qu'il n'en eust peut-estre pas
tant fait, s'il eut eu à vaincre des
hommes tels qu'étoient les Romains; quoy qu'à parler en general, ce ne fust pas un homme
moins extraordinaire que Cesar &
Cyrus.

PHILEMON. Il falloit bien que
tout fust extraordinaire dans ces
hommes, puisque Dieu vouloit
s'en servir pour manifester sa misericorde & sa justice sur tous les
peuples de la Terre.

ARISTE'E. Ajoûtez, Philemon,
que Dieu voulut montrer dans la
personne de Cyrus une figure du
Reparateur du genre humain: que

Dieu se servit d'Alexandre pour ouvrir un chemin depuis l'Orient jusques à l'Occident, pour le progrés
de l'Evangile dont le tems s'appro-
choit : enfin, qu'il se servit de Cesar
pour ne faire qu'un Peuple, pour
ainsi dire de toutes les Nations
de la Terre, afin que personne
n'ignorast le grand mystere qui
s'alloit accomplir.

PHILEMON. Vous croyez donc
que ces grands évenemens que
nous avons vûs, ont eu des rapports à l'établissement de l'Eglise
de JESUS-CHRIST.

ARISTE'E. Il me semble qu'on
n'en peut pas douter, si l'on consi-
dere que les Prophetes qui n'a-
voient en vûë que JESUS-CHRIST
& son Eglise nous ont marqué les
changemens des Monarchies dans
toutes leurs circonstances, & si
precisément qu'on trouve à present que leurs propheties sont
l'histoire du monde. Que leur
importoit

importoit de nous parler de tant de guerres, si elles n'eussent eu rapport à la Providence de Dieu sur son Eglise?

PHILEMON. Ne trouve-t-on pas aussi la cause naturelle des renversemens des Empires dans l'abondance des richesses, dans le luxe, dans la volupté des Peuples? Babylone perit à cause de ses excés & de ses débauches. Les Perses qui en sont les vainqueurs, s'abandonnent comme elle à toutes sortes de desordres, les Grecs temperans dissipent toute leur puissance. Ceux-cy deviennent mous & volupteux comme les Perses; toute leur grandeur disparoît dans un instant; ils tournent leurs armes contre eux-mêmes, & les Romains qui connoissoient plus le travail que les plaisirs, soumettent à leurs Loix le monde entier. Mais dés que la corruption & la molesse des Peuples vaincus s'est glissée parmy eux, on n'y voit plus que divisions sanglantes, & ce qui reste de soldats discipli-nez & laborieux accable le reste des Citoyens.

ARISTE'E. Ce que vous dites-là saute aux yeux. Mais comme Dieu est la premiere cause de tous les évenemens, il est à propos de suivre par tout sa providence. Elle frappe vivement, lorsqu'on con-sidere que les évenemens sont sub-ordonnez les uns aux autres ; les plus petits aux plus grands, & ceux-cy au grand dessein de Dieu qui est son Eglise. Mais sçavez-vous quelle fut la fin de Cesar ?

PHILEMON. J'ay toûjours oüy dire qu'il fut assasiné.

ARISTE'E. Sa clemence & sa liberalité ne furent point capables de le sauver des mains de Cassius & de Brutus, qu'un faux zele pour

une Republique mourante ani-
moit. Ce grand homme qui avoit
gagné cinquante batailles, & qui
selon le calcul de quelques-uns,
avoit fait perir onze cens mille hommes, perit luy-même
comme une beste sous le cou-
teau.

PHILEMON. Je n'accorde pas
bien ce que vous dites d'une
part, que la clemence étoit une
de ses vertus, & de l'autre, qu'il
fit perir onze cens mille hommes.

ARISTE'E. C'est qu'il pardon-
noit volontiers quand il n'étoit
pas irrité, ou que son amour
propre s'accommodoit de la clemence C'étoit alors qu'il disoit
qu'on n'étoit pas digne de sa colere.

PHILEMON. C'est bien peu de
chose que la vertu des plus illustres
Payens.

ARISTE'E. Croyez-moy, Philemon, finissons cet entretien. Il sera bon d'en commencer un autre par Auguste.

X. ENTRETIEN.

Sur l'état de l'Orient & de l'Occident, depuis la mort de Jules Cesar jusqu'à la naissance de JESUS-CHRIST.

Les cruautez du Triumvirat. Octavien vainqueur d'Antoine & de Cleopatre. Magnificences d'Herode, ses cruautez, son impieté. Son Royaume partagé entre ses enfans. Les Arts fleurissent sous Auguste. JESUS-CHRIST vient au monde. Admirables circonstances de cette naissance divine. La grandeur du Christianisme, &c.

PHIL. EN quel état se trouva Rome aprés la mort de Cesar ?

ARISTE'E. Il sembla d'abord que toute la Ville avoit conspiré contre luy. Cependant son corps percé de coups, & sa robe toute sanglante furent un spectacle qui attendrit les Romains. On entendit par tout des gemissemens ; &

la colere succedant à la douleur, Cassius & Brutus coururent risque d'estre brûlez tout vifs dans leurs maisons.

PHILEMON. C'est qu'alors les Romains se representerent que la forme du gouvernement étant une fois changée, Cesar étoit plus capable que tout autre de gouverner l'Empire Romain, qu'un si grand Capitaine ne devoit pas mourir d'une maniere si indigne, & que sa mort augmenteroit les maux qu'on avoit pretendu éviter.

ARISTE'E. Ils ne se tromperent pas. Ils n'avoient eu qu'un maître ; & ils en eurent trois également puissans, Auguste - Octavien, Lepide, & Marc-Antoine : mais trois personnages d'une cruauté sans exemple : c'est ce qu'on appelle le Triumvirat.

PHILEMON. Il est assez surprenant que trois en même tems

ayent pû avoir la souveraine puissance. Car on a toûjours remarqué qu'elle ne convient qu'à un
seul, & qu'en cela deux s'incom-
modent l'un l'autre.

ARISTE'E. Ces trois Tyrans
trouverent un expedient detesta-
ble pour s'accorder entr'eux, &
pour dominer surement. Ils s'abandonnerent respectivement leurs
ennemis.

PHILEMON. Et qu'en firent-
ils ?

ARISTE'E. Ils firent mourir les
uns & proscrivirent les autres.

PHILEMON. Il y eut donc bien
du carnage & bien des proscri-
ptions. Car des hommes de ce
caractere excitent furieusement la
haine publique.

ARISTE'E. Les familles les plus
illustres n'en échaperent pas. Ciceron ce sage Consul, qu'on pouvoit appeller le conservateur de
sa Patrie, fut sacrifié à la van-

geance de Marc-Antoine. Et on trouve sans comprendre les Sena-teurs & les Chevaliers , plus de cent mille Citoyens proscrits.

PHILEMON. Mais l'union fatale de ces trois hommes dura-t-elle long-tems ?

ARISTE'E. Elle dura jusqu'à ce que Lepide s'avisa de remuer, & voulut augmenter le Domaine qui luy étoit échû dans le partage que ses Collegues & luy avoient fait de l'Empire. Octavien & An-toine eurent bien-tost renversé ses desseins ; & les Romains n'eurent plus que deux maîtres.

PHILEMON. C'étoit encore trop, il falloit que l'un des deux perît.

ARISTE'E. Ils s'accorderent encore pour vanger la mort de Jules Cesar , & pour dissiper les restes de la Republique. Ils défi-rent Brutus & Cassius au même lieu où Pompée avoit esté défait,& ils obligerent ces deux meurtriers à se tuër eux-mêmes. Mais ils ne s'accorderent pas au sujet de Cleopatre.

PHILEMON. On a bien parlé de la beauté de cette Cleopatre & de toutes ses magnificences.

ARISTE´E. Cesar l'avoit fait Reine d'Egypte, & Antoine charmé de ses beaux yeux, repudia Octavia sœur d'Auguste pour l'épouser.

PHILEMON. Cela n'étoit pas obligeant pour Auguste.

ARISTE´E. Antoine ne le porta pas loin. Il avoir sacrifié à Cleopatre toutes les richesses de l'Orient, & il ne luy promettoit rien moins que l'Empire Romain. L'ambitieuse Princesse se reposoit sur ces promesses au milieu d'un luxe prodigieux & des voluptez les plus recherchées, lorsqu'ils furent obligez d'opposer à Auguste toutes les forces de l'Egypte & de l'Orient.

N v

PHILEMON. Voila donc la guerre declarée à Antoine.

ARISTE'E. On vît fur mer toutes les forces de l'Empire Romain partagées entre ces deux Concurrens.

PHILEMON. Et où fe donna la bataille ?

ARISTE'E Proche Actium en Epire. Cleopatre y parut dans fon vaiffeau à poupe d'or, & à voiles de pourpre. Mais voyant le mauvais fuccés de fon Amant, elle l'abandonna bien-toft. Antoine qui ne la peut perdre de vûë fuit aprés elle, & fe voit abandonné de toutes parts.

PHILEMON. Ces Amans defolez trouverent-ils une retraite ?

ARISTE'E. Ils fe retirerent à Alexandrie en Egypte, où Antoine encore preffé par Augufte fe donna la mort : & Cleopatre defefperée en fit autant. Ainfi Octavien petit neveu de Jules Cefar & fon

fils par adoption, fut seul maître
de l'Empire Romain.

PHILEMON. Comment le gouverna-t-il aprés tous les excés qu'il
avoit commis ?

ARISTE'E. Il avoit déja fait voir
à l'Italie un grand changement de
conduite : & on eust dit qu'il eust
voulu effacer par sa moderation
le souvenir de ses violences. Mais
aprés la défaite d'Antoine, il joignit à son courage invincible des
manieres si gagnantes, que tout
ce qui tenoit auparavant pour Antoine se rendit sans resistance à
Cesar ; & que les Juifs, les Egyptiens, & les Romains également
persuadez qu'il meritoit de gouverner le monde, attendirent de
luy leur bonheur & une paix universelle.

PHILEMON. Quel party avoient
pris les Juifs dans cette guerre ?

ARISTE'E. Ils avoient suivy
celuy d'Antoine, parce qu'Hero

de luy étoit redevable du Royaume de Judée. Quand Antigone neveu du vieux Hyrcan, eut la teste tranchée pour avoir coupé les oreilles à son oncle, dont il avoit voulu usurper le Royaume, Antoine mit Herode en possession de la Judée. Voila ce qui attachoit Herode aux interests d'Antoine. Mais il tourna comme la fortune & se soumit au vainqueur.

PHILEMON. Et de quelle maniere le vainqueur le traita-t-il ?

ARISTE'E. Mieux qu'il ne meritoit, car il le mit en état de paroître un tres-puissant Roy. On n'entendoit parler que des bâtimens, des nouvelles Villes, & des spectacles d'Herode. Mais le plus magnifique de tous ses ouvrages fut le nouveau Temple qu'il fit élever sur les ruïnes de celuy que Zorobabel avoit bâty.

PHILEMON. C'étoit un assez

bon moyen pour s'attirer l'estime & l'affection des Juifs, & pour leur faire oublier les Asmonéens.

ARISTE'E. C'avoit esté son dessein ; mais il gâta tout par ses cruautez & par son impieté. Il fit placer dans son superbe Temple l'Aigle Romaine , & fit brûler vifs les plus considerables d'entre les Juifs qui s'opposoient à cette prophanation. Mariamne sa femme , cette belle Princesse qu'il avoit tant aimée, n'échapa pas à sa fureur ; elle en fut la victime aussi-bien que son pere Hyrcan.

PHILEMON. Le carnage des innocens est encore quelque chose de plus horrible. Mais en détruisant la race des Asmonéens , ne voulut-il point aussi disposer du souverain Sacerdoce , auquel ils avoient uny la Royauté ?

ARISTE'E. Il disposa de tout. Il abolit le conseil des Juifs ; il brûla les Genealogies, & rendit le Sacerdoce venal, le donnant & l'ôtant à sa volonté.

PHILEMON. Il y a là neanmoins quelque chose de merveilleux, c'est que ce changement d'Etat & de Religion n'arrive aux Juifs que dans le tems que le Roy des Roys, & le Prêtre Eternel va paroître. Herode eut-il des enfans, & en laissa-t-il vivre quelqu'un pour luy succeder ?

ARISTE'E. Il en laissa trois, Archelaus, Philippe, & Herode-Antipas, entre lesquels Auguste partagea le Royaume de leur Pere, & qui furent appellez Tetrarques. Philippe fut Tetrarque de Trachonitide d'Iturée. Herode-Antipas de la Galilée. C'est luy dont l'adultere avec Herodias, femme de son frere Philippe est si connu. Il fut relegué à Lyon, où selon Josephe, il mourut avec sa concubine. Archelaus fut Tetrar-

que de la Judée. C'est luy qui
pour ses cruautez fut relegué à
Vienne en Dauphiné.

PHILEMON. Je m'étonne que les
Romains ne faisoient pas de ces
Tetrarchies une de leurs Provin-
ces.

ARISTE'E Pompée dans le même tems qu'il deposseda Antiochus surnommé l'Asiatique le dernier Roy de Syrie, assujettit comme vous avez vû, toute la Judée
à la puissance Romaine : & l'exil
d'Archelaus fut une occasion aux
Romains d'unir ce Païs à la Province de Syrie.

PHILEMON. Revenons à Au-
guste ; c'étoit un Prince qui aimoit
bien les beaux esprits, & qui se
declara bien en faveur des beaux
Arts, principalement de la Poë-
sie.

ARISTE'E. Il est vray ; mais
avant que d'ouvrir le Temple des
Muses, il fallut fermer celuy de

Janus; c'est à dire, terminer la guerre. Les Peuples des Pyrenées s'étoient revoltez; il ne tarda pas à les mettre dans leur devoir. Mais ce qui luy tenoit le plus au cœur, c'étoit les insultes que les Arsacides avoient faites aux Romains aprés la défaite de Crassus. Il en voulut tirer raison; mais le seul bruit de ses victoires la luy fit faire; les étendarts & les prisonniers Romains furent renvoyez; & les Peuples de l'Occident, du Midy, de l'Orient & du Nort, se donnerent l'exemple les uns aux autres de se soumettre.

PHILEMON. Aprés cela il n'y eut plus de guerre. La paix fut assûrée par tout le monde.

ARISTE'E. Virgile & Horace se trouverent dans le tems favorable pour faire des vers.

PHILEMON. Que pensez-vous, Aristée, de ces deux Poëtes ? Pour moy je suis charmé du peu que j'en ay appris : & je suis assez porté à croire que les modernes ne valent pas les anciens.

ARISTE'E. Ce sentiment vous fait meriter d'estre appellé un homme du bon goût.

PHILEMON. Mais un homme du bon goût n'est-il pas un homme de raison ?

ARISTE'E Il n'est pas contre la raison d'avoir du bon goût. Mais ces deux choses sont assez differentes. On juge par goût lorsqu'on juge par un certain sentiment agreable que la cadence ou l'arrangement d'un discours, ou bien que la vivacité ou la delicatesse d'une pensée produit en nous. Et on juge par raison quand on juge des choses en elles-mêmes par la seule vûë de l'esprit. C'est par le goût qu'il faut juger du merite des Poëtes ; & c'est par la raison qu'il faut juger de celuy des Philosophes.

PHILEMON. Trouvez-vous qu'on observe exactement ces regles ?

ARISTE'E. Qu'on les observe ou non, ce n'est pas ce qui m'inquiere. Mais je sçay bien que ceux qui decident en faveur des anciens Poëtes ont le bon goût.

PHILEMON. Je le croy. Cependant je n'en sçay pas bien la raison.

ARISTE'E. La voicy, si je ne me trompe. Ils étoient nez parmy le fables qui ne mettoient aucunes bornes à leur imagination. Ils ne cultivoient que cette partie d'eux-mêmes. Il ne faut donc pas s'étonner si elle étoit extrémement rafinée, & si elle leur representoit mille phantômes agreables, sur lesquels ils s'exprimoient ensuite naïvement. Mais il n'en est pas de même de nos modernes. Ils sont nez dans une Religion qui rabaisse l'imagination,

& ils ont beau se repaître de fables , ils ne sçauroient atteindre à ce sensible dans lequel l'antiquité Payenne a excellé

PHILEMON. A vous entendre, il semble que l'imagination soit la mere de la Poësie.

ARISTE'E. Qui en doute ?

PHILEMON. Cependant nous voyons bien des choses dans les Poëtes qui s'accordent bien avec la raison, & même avec la Religion.

ARISTE'E. J'en conviens ; mais ce n'est pas ce que les esprits delicats y admirent. Ils n'y cherchent que la finesse des expressions , & la delicatesse des sentimens. Le reste leur peut paroître bon ; mais il est insipide pour eux.

PHILEMON. Vous me faites faire icy des reflexions que je n'aurois jamais faites. A quoy peut donc servir la Poësie ?

ARISTE'E. Elle est bonne à

donner le goût du siecle, à éten-dre l'imagination, à polir l'esprit & les manieres.

PHILEMON. Je ne m'étonne pas si du tems d'Auguste, que la Poë-sie étoit si à la mode, les esprits avoient tant de politesse & d'en-jouëment.

ARISTE'E. Assurément, on n'a pas vû un siecle plus poly. Mais aussi, n'a-t-on jamais vû tant de corruption. Dieu n'étoit presque plus connu, même dans la Judée. Les fausses Divinitez s'étoient multipliées prodigieusement, & on leur faisoit un culte des meur-tres & des ordures les plus detesta-

Septiéme âge du monde

Dixiéme Epoque.

La naissance de Jesus-Christ.

L'an du monde 4004.

bles. Enfin, les hommes abîmez dans la superstition, & uniquement appliquez aux sciences pro-phanes, étoient le joüet du de-mon, lorsque le Sauveur parut tout à coup pour leur montrer la voye de la verité & de la justice.

PHILEMON. L'esprit est comme

ravy à la vûë de la naissance de ce divin Sauveur. Mais d'où viene qu'elle a esté differée pendant quatre mille ans?

ARISTE'E. C'est qu'un si grand bien devoit estre long-tems attendu. Il falloit qu'il fust l'objet des vœux & des desirs des enfans de Dieu. Il falloit qu'il parust dans le monde diverses figures du Messie ; que les Prophetes en divers tems annonçassent qu'il devoit naître, & que tous les Peuples fussent disposez à le recevoir.

PHILEMON. Il est vray qu'en comparant toutes ces choses avec l'avenement de JESUS-CHRIST, on ne peut s'empêcher de le reconnoître pour ce qu'il est.

ARISTE'E. N'est-il pas vray aussi que JESUS-CHRIST rend témoignage à la verité des Propheties. Les anciens nous disent que leurs Poëtes étoient inspirez. Mais c'étoit donc de l'esprit d'erreur.

Virgile a pris de grands détours pour montrer aux Romains, que leur Empire étoit l'ouvrage du destin, & qu'il devoit estre éternel. On a pû juger par l'évenement de la solidité de cette Prediction. Mais les Prophetes n'ont rien avancé qu'on ne voye exactement accomply.

PHILEMON. Si l'accord qu'on voit entre les Propheties & la naissance du Sauveur est merveilleux, les circonstances de cette heureuse naissance ne sont pas moins admirables. Quel charme pour des Pasteurs, d'entendre les Anges chanter, que Dieu est pleinement glorifié, & qu'il se complaît dans les hommes? Que doit-on penser d'un évenement que des Anges annoncent comme la joye du Ciel & de la Terre? Et que doit-on penser d'un Enfant que des Roys conduits par une nouvelle étoile viennent adorer? Il falloit que

dans l'état où étoient les hommes, Dieu ne puſt eſtre glorifié
que par cet Enfant, & que rou-
tes les puiſſances de la Terre dans
la perſonne des Mages, reconnuſ-
ſent qu'elles ne peuvent avoir accés à Dieu que par Jesus-Christ.
Cependant je ne conçoy pas bien
que l'incarnation d'une perſonne
Divine ſoit abſolument neceſſaire
pour reconcilier les hommes avec
Dieu.

ARISTE'E. Dieu fait tout ce
qu'il luy plaît, Philemon, mais il
proportionne toûjours le remede
au mal. Les hommes s'étoient
perdus par leurs ſens, ils étoient
devenus tout ſenſibles ; il falloit
donc leur preparer un remede ſen-
ſible : & comme autrefois la Loy
fut donnée aux Juifs pour leur
mettre devant les yeux des pre-
ceptes qui s'effaçoient de leur memoire : de même le Verbe divin
s'incarne pour nous mener par nos

sens , grossiers & charnels que nous sommes, à la connoissance de la verité. Dieu a toûjours parlé aux hommes, quand ils sont rentrez en eux-mêmes. Mais ils n'étoient plus en état d'y rentrer comme il faut ; & rien n'étoit capable de les rappeller à la raison, excepté celuy qui est la souverain raison, incarnée fait semblable à nous, & joignant à une vie toute sainte des miracles capables de réveiller les plus stupides.

PHILEMON. Mais il ne sert de rien d'estre réveillé & rappellé à son devoir, même par la voix tonnante du Tres-haut. Il faut quelque chose de plus pour guerir des cœurs corrompus. La Loy qui frappoit les oreilles des Juifs ne les a point corrigez.

ARISTÉE. La Loy étoit toute seule, & l'influence de l'Esprit saint accompagne l'Evangile. La Loy

Loy montroit la voye & n'aidoit pas à y entrer. Et l'Evangile apporté par Jesus-Christ, attire par la douceur & le plaisir que ce nouveau Legislateur répand dans les ames. Aussi falloit-il un plaisir celeste pour vaincre en nous les plaisirs charnels de la concupiscence.

Philemon. On a bien raison de dire que nôtre état surpasse de beaucoup celuy des Juifs.

Aristée. L'état des Chrêtiens, Philemon, est au dessus de tout ce qu'on en peut dire. Ils ont Jesus-Christ à leur tête; il est le Chef dont ils reçoivent la vie; il les instruit par ses paroles; il les anime par sa grace. Il est le fils bien-aimé du Pere Eternel, & il les fait coheritiers de son Royaume, ils sont ses freres, le bien dont il jouït par nature leur est communiqué par grace. Ils sont des Dieux; car ils parti-

cipent à la gloire de Dieu même.

PHILEMON. Que l'homme de-
vient grand par sa reformation,
JESUS-CHRIST met nôtre état autant au dessus de celuy du premier homme innocent, que le
peché nous avoit mis au dessous.
Je ne m'étonne plus si tout ce
qu'il y a eu de plus grand & de
plus relevé dans le monde, n'a
tiré sa grandeur & son merite,
que de sa conformité ou de ses
rapports avec l'état des Chrêtiens, avec JESUS-CHRIST & son
Eglise. Le Christianisme est le
chef-d'œuvre de la Toute-puis-
sance de Dieu.

ARISTE'E. Je vous voy en humeur de faire des reflexions sur
le grand & adorable mystere de
l'Incarnation. Mais j'ay quelques
affaires qui ne me permettent pas
de m'entretenir avec vous aussi
long-temps qu'à l'ordinaire. Il

faut même que vous me permet-
tiez de faire pour quelques jours
un voyage à la campagne. A mon
retour nous parlerons de l'Eglise
Naiſſante , & nous commen-
cerons à faire un recueil de ce
qui s'eſt paſſé dans le monde
depuis que Rome revint à l'é-
tat Monarchique juſqu'à ce jour,
que Loüis le Grand effa-
ce par les vertus dont le Ciel
l'a comblé , tout ce qu'on admire le plus dans les Monarques
de tous les ſiecles. Cependant,
Philemon , joignons nos voix à
celles des Anges , qui nous annoncent la naiſſance du Sauveur ,
& chantons à Dieu les victoires
que le Verbe incarné nous a fait
remporter ſur l'ennemy commun
du Genre humain.

PHILEMON. Adieu Ariſtée.
Souvenez-vous de nôtre amitié.

Fin de la premiere Partie.

Reliure serrée